北大管理课

博文　编著

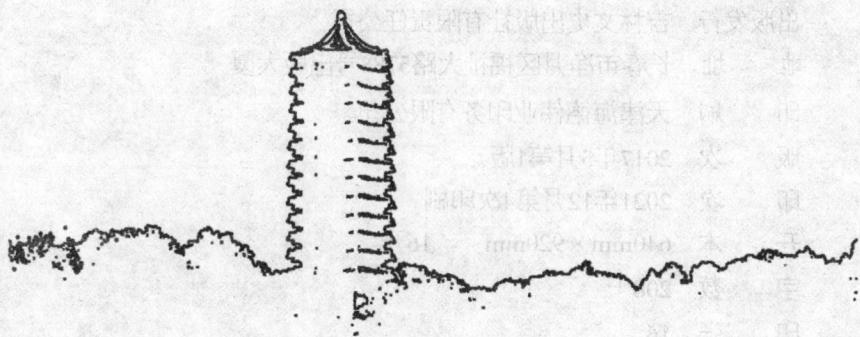

吉林文史出版社
JILIN WENSHI CHUBANSHE

图书在版编目（CIP）数据

北大管理课／博文编著. -- 长春：吉林文史出版社, 2017.5（2021.12重印）

ISBN 978-7-5472-4204-9

Ⅰ.①北… Ⅱ.①博… Ⅲ.①管理学－通俗读物 Ⅳ.①C93-49

中国版本图书馆CIP数据核字(2017)第119035号

北大管理课
BEIDA GUANLI KE

出 版 人　张　强
编 著 者　博　文
责任编辑　于　涉　董　芳
责任校对　薛　雨
封面设计　韩立强
出版发行　吉林文史出版社有限责任公司
地　　址　长春市净月区福祉大路5788号出版大厦
印　　刷　天津海德伟业印务有限公司
版　　次　2017年5月第1版
印　　次　2021年12月第4次印刷
开　　本　640mm×920mm　　16开
字　　数　208千
印　　张　16
书　　号　ISBN 978-7-5472-4204-9
定　　价　45.00元

前　言

　　沙滩红楼，未名燕园，博洋高歌，陈实飞舞。北京大学是享誉世界的百年名校，莘莘学子孜孜以求的学术殿堂。作为中国历史最悠久、地位最崇高、影响力最大的高等学府之一，北京大学历经了百余年的文化积累与沉淀，形成了独特的文化体系与理念，培养了一代又一代的社会精英，也取得了无数优秀的科研成果。北京大学的发展，不仅代表了一个学校的成长历程和中国高等教育的成败荣辱，更加见证了中国的百年蜕变和世事沧桑。

　　1985 年，北京大学顺应时代需求，建立了经济管理系，1994 年，经济管理系正式更名为北京大学光华管理学院。作为专门从事管理研究和教育的机构，光华管理学院秉承了北大悠久的人文传统、深邃的学术思想和深厚的文化底蕴，处于中国经济发展与企业管理研究的前沿，以向社会各界提供真正具有国际水准的管理教育为己任，致力于帮助国有企业实现管理的国际化、民营企业管理的现代化、跨国公司管理的本地化。如今，光华管理学院仍然在源源不断地向社会输出管理型人才，而北大管理课教授们的管理学经验，也随着信息化的发展和北大管理公开课的持续推广散发出越来越持久、越来越璀璨的光芒，在给我们带来巨大的学习和借鉴价值的同时，也带来了难得的机遇。2014 年度《金融时报》公布的全球百强 MBA 排名中，光华 MBA 项目位居第 57 位，连续三年在该榜单中引领中国高校。光华金融硕士项目在《金融时报》2012 年度全球金融硕士项目排名中位列第 8 位，也是排名榜前 35 位中唯一入选的亚洲院校。

北大是中国人的骄傲，而北大光华管理学院更是培养职业管理人的摇篮。然而，能真正走进北大的人毕竟是少数，大多数人还是难以如愿以偿。为了帮助莘莘学子及广大渴望有所成就、有所作为的读者不进北大也一样能聆听到有关管理方面的精彩课程，学到百年北大的管理智慧，我们编写了这部《北大管理课》。

管理是一门学问，也是一门艺术。有人说，管理很复杂，确实如此，管理涉及企业的方方面面，有人员管理、团队管理、时间管理、决策管理、风险管理……也有人说管理很简单，其实，如果把所有的想法整合在一起实行，也确实很简单。这两种说法都正确；但关键是要能实施成功而有效的管理，把工作程序合理化、科学化，减少不必要的阻碍，使企业的利益最大化。可以说，每一个管理者都在不遗余力地探求最有效的成功管理模式，但是如何掌握其中的奥妙却是众说纷纭，成功管理的哲学与艺术也是仁者见仁，智者见智。当今世界，商业竞争日益复杂，充满诸多挑战，因而比任何时候都需要更多、更优秀的管理者。而在我国，随着市场经济的高速发展，各种各样的企业如雨后春笋般建立起来，各种管理思想十分受推崇，各种管理书籍也十分火爆和走俏，这表明，我们的企业迫切需要优秀的管理者。管理直接影响着一个企业的兴衰成败。一位高明的管理大师就像一位技艺精湛的厨师，能够根据实际情况来掌握好管理的火候，并不断地学习和尝试更先进的烹饪方法。日本企业的崛起归功于对西方管理思想的吸收，印度软件业的成功则基本上是依靠现代的组织制度。那么中国企业的复兴靠什么？一位研究员曾经说过："中国企业最缺的是企业管理。"

现代管理学之父彼得·德鲁克说过："在人类历史上，还很少有什么事比管理学的出现和发展更为迅猛，对人类具有更为重大和更为激烈的影响。"大到国家、企业，小到个人工作、生活中遇到的各种问题，管理都发挥着无可替代的作用。20 世纪末的 20 年，管理学发展迅猛。随着世界经济由制造业一统天下的格局成为历史，金融、贸易、IT 产业、跨国集团大举发展，世界经济呈现繁荣多变的景象。游戏规则开始国际化、法制化，企业发展外部环境和对外关系上升为关乎企业生存的首要问题，公司治理结构取代了企业内部管理，连人力资源管理、市场营销这样的传统管理理论都无法沿袭旧路。

在一个企业中，管理层是神经系统，担负着整个企业的日常工作运转。企业只有在优秀管理者的领导下，才能健康有序地运作，并在这种状态下发展壮大。因此，越来越多的人认识到先进的管理模式对于企业发展的重要作用。然而，管理者一般上有顶头上司，下有基层员工，怎样才能在遵照上司指令的基础上带领下属员工做好工作，实现卓有成效的管理呢？我们以北大管理课的学术观点为发射源，从企业最根本的生存和发展等问题出发，归纳其生存根基，总结其发展优势，倡导务实的管理艺术，升华可持续性的管理理念。本书从管理者内在素质的培养到外在的形象树立，从管理者识人、用人、授权到激励员工、协调团队，从管理决策、战略到应对危机、创新发展，详尽细致地讲述了一位管理者如何完成从平凡到优秀、从优秀到卓越的蜕变。书中还总结提炼了许多北大著名教授的管理箴言，为广大读者提供了管理企业的方法与思路。同时，本书让你感悟百年北大管理智慧，借鉴大师们的管理经验，为自己的事业成功积蓄力量。北大的管理智慧，将会成为我们走向人生巅峰的一个重要的法宝。每一堂北大管理课，都能促进我们事业的发展；每一种北大精神，都将照亮我们人生与事业的前进道路。

目　录

第一章　目标管理课：
认定方向就不会改变，用目标凝聚力量

名企为什么这样红——始于伟大的目标

人是不能一天没有目标、没有梦想的，没有目标，人生就会迷茫、失落，心理就会脆弱。一辈子的目标要定得高远，但每个阶段的目标就要现实一点儿，要永远比周围人做得好一点儿。

——俞敏洪

（毕业于北京大学英语系，现任新东方教育集团董事长）

无论是俞敏洪、李彦宏还是黄怒波等，他们具备"北大"毕业生们的一些共同特点：伟大的目标是他们奋进的不竭动力。

一个企业能走多远，能取得怎样的业绩和成就，完全取决于管理者的眼界有多高。在这个世界上有这样一个现象，那就是"没有目标的人在为有目标的人达成目标"。因为没有目标的人就好像没有罗盘的船只，不知道前进的方向；有明确、具体的目标的人，才能在目标的指引下到达人生的彼岸。

没有伟大的目标是无法把公司带向伟大的征程。北京大学林毅夫教授曾这样评价王永庆先生："王永庆董事长'一勤天下无难事'，事事要求'止于至善'等朴素又务实的经营智慧，历久弥新。他远大的眼光与独到的见解，以及创业70多年的宝贵经验，给了海峡两岸青年创业者明确的方向与启发。经历了时代变迁，更能显出钻石般的光芒！"王永庆的创业之路具有很多学习之处，他在向自己的目标奋进的过程中，常常提醒自己目标所在。

1931年，15岁的王永庆离开家乡，独自去嘉义，开始他人生的新旅程。那时嘉义是中国台湾地区的商业重镇，更是米谷的集散地，王永庆在亲戚的介绍下，很快就在一家米店找到一份勉强可以填饱肚子的工作，王永庆对这份每个月仅赚40元的工作倍加珍惜，每天都早出晚归，尽心尽力工作，深受老板的喜爱。

不过，颇有生意头脑的王永庆没有安于现状。他一边暗中观察老板经营米店的诀窍，一边省吃俭用筹措资金。一年之后，王永庆用借来的200元当本钱，在嘉义开了一家小米店，成了小老板，这是他人生最重要的转折点。

王永庆就这样一步步实现自己的人生目标，几年之后又开始经营木材，变成当地小有名气的木材商人。20世纪50年代初，中国台湾地区"工业局"推出了很多工业发展的投资项目，王永庆大胆地接了一个当时无人看好的项目——生产聚氯乙烯，成立中国台湾塑料工业股份有限公司，后来又把发展的触角伸向海外。

王永庆被誉为中国台湾的经营之神，他从小学徒到商界巨子，成就了华人世界的经典传奇。王永庆及台塑的成功，与他树立远大的理想和目标不能说不无关系。

为自己和企业设定"伟大"的目标，这些目标也许看起来"不切实际"或"不可能"，但他们始终凝视着目标，发掘个人的潜力，朝着这个目标奋进。拿破仑说："'不可能'这个词，只在愚人的字典里找得到。"不要在未开始之前就给自己设定了障碍，"不可能"缘自我们自身思维所受到的限制，正因为如此，它才局限了我们对周围事物的认知，缩小了我们生活的半径，并进而限定了我们的目标。

管理者个人的成功往往意味着一个企业的成功。因此，就是要先设立一个"伟大"的目标。如果你的目标是小山包，你就永远也没有攀登喜马拉雅山的气场！只有目光远大的管理者才能够从全局出发，制定出"伟大"的目标，从而引领企业向更高远的方向发展。

一家家具厂的老板向员工谈起他的创业史。

刚开始创业的时候，他和普通的搬运工一样，每天扛着一块块木板到处跑。当他行走在城市的大街小巷，看到路上川流不息、熙熙攘攘的车流时，他对自己说："这里将来一定会有一辆车是属于我的。"当他看到道路旁边的摩天大楼，他会对自己说："这些房子里将来一定会有一栋是属于我的。"

曾经也有人问："你凭什么这么想，你拿什么证明？"他不予理睬，因为他有自己的目标和计划：他要拥有一家自己的家具厂。眼前他要做的是把木板扛回去，然后加工成沙发卖给顾客。

后来，他的生意越做越大，有了很大的工厂和数百名员工，有了车子和房子，在业内也有了一定的地位。

他说，人一定要有目标，并且相信自己的能力，通过坚持不懈的努力，一个个地实现它们，这就是成功。

IBM的管理大师小托马斯·沃森说过，影响一个企业进步或退步的真正原因，不是技术，也不是跟不上消费者的偏好，也不是时尚的变化，它们可能是一部分原因，但不是决定性的因素。世界上任何一家经营多年的大企业，它们成功的真正秘诀也不在于组织形式或者管理技巧多么成熟或者无人可及，而要归功于信念的力量以及这信念对员工产生的巨大凝聚力。

没有伟大的目标，就没有前进的方向。没有起始点，就无从规划自己的航程。有了地图和指南针，你仍然会无可奈何地迷失方向，只有当你明确知道自己现在所处的位置时，地图和指南针才能发挥作用。心中有伟大目标的人，眼神坚定地朝着一个方向勇往直前，无论他们遇到多少艰难险阻，都能达到最终的目的地。

　　成功学专家拿破仑·希尔认为："不甘平庸的人，必须要有一个明确的追求目标，才能调动起自己的智慧和精力。"一个目标能让人的心中燃起持久的热望，让深藏于心底的潜意识的力量爆发出来。它能长时间地调动你的创造热情，唤起你成功的信念。优秀的企业都有明确而伟大目标的指引，领导者制定的目标能激发员工的潜力，凝聚企业的力量，为共同实现目标而努力。

　　一个优秀目标的树立会使人的天赋得到充分发挥，使心中的所有激情与梦想喷薄而出，推动着自己马不停蹄地向成功迈进。而缺少目标的人大多数都只能漫无目的地四处游荡，浪费了上天赋予的才华，最终一无所成。

　　时常将"这个目标根本不可能""想都别想"这些话挂在嘴边的人，一遇到棘手的事情就把它们当成最好的遁词，实际上是画地为牢，自己将机会的大门关闭。稻盛和夫在总结自己迈向卓越的经验时，言简意赅地说，只要满怀希望，持续不断地努力，人生之路一定光明。当你烦闷时，当你对前途感觉困惑时，你只需要牢记自己的目标，并竭尽全力把你眼前的工作做好，坚持不懈地努力。这样做了，你前进的道路一定会展现在你面前。

　　你不妨问自己以下问题并写下来，与你的目标进行对比，以此来寻找差距。

　　我究竟有什么样的才干和天赋？

　　我的主要优势是什么？

　　我最明显的劣势是什么？

　　我曾有过的成功记录有哪些？

　　我所处的时代和环境对我有什么机遇？

　　我的知识和技能，是否跟得上时代的脚步？

　　达成这个目标都需要哪些专业知识？

　　我已经具备了哪些知识？

　　我还需要哪些其他方面的准备才能达到目标？

要让员工相信，实实在在的目标唾手可得

要先把最终目标搞清楚，再坚持不懈地为之努力。

——李彦宏

（毕业于北京大学，百度公司创始人）

百度刚刚创建的时候，工作、生活条件非常简陋，作为只有几名员工、在业内没有任何名气和地位的初创公司，在各种条件都非常艰苦的创业初期，该如何搭建团队，吸引人才？李彦宏所做的是让员工树立美好的理想和远大的抱负，让员工相信在这个公司可以大有可为。只有胸怀远大理想，有执着追求、乐于艰苦创业的人才能走到一起。

每个企业都有自己的目标，在不同的发展阶段，设定的目标也是不一样的。管理者首先要从明确企业的发展目标入手，不然极有可能会带领企业走入迷途。但是，脱离实际发展的目标容易让员工无感，唯有让员工相信企业的目标，才能最终发挥团队合力。

实实在在的目标，对员工而言就是实实在在的看得见的目标。人们都有这样的生活经验：给你一个看得见的靶子，你一步一个脚印去实现这些目标，你就会有成就感，就会更加信心百倍，向目标挺进。

1952 年 7 月 4 日清晨，世界著名的游泳好手弗洛伦丝·查德威克从卡德林那岛游向加利福尼亚海滩。她的想法并非不切实际，她曾经横渡过英吉利海峡，如果这次她成功了，她会因此再创一项纪录。

这天的雾非常大，连护送的船只他都看不见。时间一小时一小时地过去，当她在冰冷的海水里泡了 15 个多小时后，远方仍旧是雾霭茫茫，查德威克感到难以坚持，她再也游不动了。艇上的人们劝她不要向失败低头，要她再坚持一下。浓雾使她

难以看到海岸，她不知道自己的目标还有多远。最后，冷得发抖、浑身湿淋淋的查德威克被拉上了小艇。

在这次挑战失败之后，她总结说，如果当时她能看到陆地，她就一定能坚持游到终点。大雾阻止了她夺取最后的胜利。事实上，妨碍她成功的是一眼望不到边的大雾，她因此无法确定具体的目标。

两个月后，查德威克又一次挑战。这一次她没有放弃，终于一口气游到了美国西海岸。

目标要看得见、够得着，才能成为一个有效的目标，才会形成动力，帮助人们向着目标获得自己想要的结果。管理者应该得到这样的启示：千万不要让形形色色的雾迷住了员工的眼睛，要让你的员工相信你的目标。实实在在的目标才是唾手可得的，虚无缥缈的目标只会让员工打不起精神。

当代管理大师肯·布兰查德在其著作《一分钟经理》中指出："在相当多的企业里，员工其实并不知道经理或者企业对自己的期望，所以在工作时经常出现'职业偏好病'，即做了过多经理没有期望他们做的事，而在经理期望他们有成绩的领域里却没有建树。造成这样的情况，完全是由于经理没有为员工做好目标设定，或者没有把目标设定清晰地传递给员工。"

只有定下实实在在的目标，并制订相应的行动方案，在不断的实践过程中慢慢地接近目标，才能有助于员工理解企业的期望，并获取自身发展的动力，克服一切困难，最终取得成功。

作为一个管理者明确企业的目标，就能让员工最大限度地发挥他们的能力。很多时候，员工没有工作的动力，显得懒散无力，并不是他们不想努力，只是缺乏明确具体的目标，让他们没了奋斗的方向，不知从何处着手。

作为团队的管理者，必须经过客观的调研和科学的计算，才能为企业和员工制定务实的目标，让员工能看得见、摸得着，这样才能让他们有奔头。具体说来，作为管理者，如何做到呢？

以下 3 点可以借鉴：

1. 目标要具体化

量化员工的奋斗目标，并指导员工如何去实施，让员工有信心、有目的地去完成目标。如果管理者能够帮员工明确员工的工作目标，并且能够有效地指导他去实现目标，那么，他一定会变成一个有动力并且持续为目标奋斗的人。

2. 目标要合理化

每位员工有自己的工作能力，管理者要根据员工的自身特点，制定其最合理的工作目标，目标既不能太难、太远，也不能太容易实现，要具有挑战性。

3. 目标要有激励性

最大限度地激发员工的积极性，可以根据员工完成目标的具体情况，给予员工适当的奖励和惩罚。当然，这种奖惩制度不要仅仅局限于口头，可以以制度的形式正式化。比如规定完成任务后，要具体奖励多少金额。这样的奖励就会变得十分有激励性和有价值，员工就会尽他最大的努力去完成自己的目标。

梦想的力量——成功往往"源于一个梦"

年轻人要有一点儿理想，甚至有一点儿幻想都不怕。只顾眼前，缺乏理想，就没有发展前途。

——任继愈

（毕业于北京大学，曾任北京大学教授）

每个企业家都有梦想，但梦想和现实的确有距离。现实在此岸，梦想在彼岸。当一个梦想足够强大，会推动一个人的能动性、进步性、创造性去构建一座此岸到彼岸的桥梁，这桥梁就是化梦想为一步一个脚印的可以达成的理想，这些理想的积累会让我们不断地接近梦想。

　　新东方教育集团董事长俞敏洪就是这样一个拥有梦想的优秀企业家，他的成功也许最初源于自己的"梦"。

　　俞敏洪出生在一个普通的农民家庭，他当初的梦想就是考上大学，当上一名老师。但俞敏洪的考学梦却一波三折，三年高考两次落班，所幸的是，终于在第三年考上了北京大学英语系。

　　"我是班里唯一从农村来的学生，在老家读高中时就不善言谈的我，来到北大更不善于与人交流了，结果从 A 班调到较差的 C 班。"在北大，他俨然成为被人冷落的后进生。

　　毕业时，看到同学和朋友相继出国，俞敏洪也张罗着出国。但是几乎没有几个大学能录取，只收到几所二流大学发来的录取通知书，出国梦在绝望中破灭。

　　在追求梦想的途中，他遭遇过很多挫折和坎坷，但内心的那团火焰没有泯灭。

　　一个人要取得成功就要心怀理想，并坚定心中的信念，为之坚持不懈地努力。在梦想的推动下，人就会被激励、被鞭策，处于一种昂扬、激奋的状态下去积极进取，向着美好的未来挺进。从某种意义上讲，没有伟大的梦想就不能成就一个伟大的企业。

　　沃尔玛帝国的创始人山姆·沃尔顿也为人们做出了榜样。这个商业帝国得益于他的梦想——他要为下层人们服务的梦想改变了这个世界。他当时的想法很简单，就是希望帮助美国小镇和乡村居民过上跟大城市居民一样质量的生活。

　　在当时，人们都忙于在市里开店，因为在小乡村开店不能挣到钱。然而，基于这样的理想，沃尔玛把超市开在了乡村，最终他成功了。

　　如果没有这样伟大的初衷，他的企业就不会发展到今天的规模。但凡取得成功的人，都有一个伟大的梦想。只有伟大的梦想，才能激起无穷的力量，才能创造广阔的舞台。

　　百度公司创始人李彦宏在留学的时候，他就确定了自己伟大的梦想——要做一个让几亿人都能使用的东西，这个听起来遥不可及的梦想，现在已经成为现实。比尔·盖茨刚创业时的梦想是让每个人都能拥有一台电脑，当时连他都很难拥有一台电脑，别说每个人了，但是正是有了这么伟大的梦想，才有了今日的比尔·盖茨和微软。

"梦想有多大，舞台就有多大。"生命是上天赋予我们的最宝贵的财富，我们必须以热忱的心来呵护这份礼物。而梦想就是生命旅途中永远的路标，无论遇到什么事情，都不要关闭生命的梦想之门。梦想是指引人们前行的灯塔，梦想越大，灯塔的光才会越明亮，走的路也才会更长远。

没有一颗心会因为追求梦想而受伤，当你真心想要某样东西时，整个宇宙都会联合起来帮你完成。很多成功的人之所以成功，往往源于自己当初的一个"梦"，他会为自己的梦而不懈奋斗。

作为管理者，首先应把自己定义为一个梦想家。任何人所完成的工作，又是与他们的想象力、能力、毅力，与他们对理想的执着程度和他们所付出的努力密切相关的。不要让日常生活淹没了理想或使理想失去了亮色。如果梦想还没有化为现实，不要因为希望渺茫而放弃了理想，要为了理想不屈不挠，不断地为了实现梦想而努力。

罗马纳·巴纽埃洛斯是一位年轻的墨西哥姑娘，16岁就结婚了。在两年当中她生了两个儿子，但丈夫不久后离家出走，罗马纳只好独自支撑家庭。但是，她决心谋求一种令她自己及两个儿子感到体面和自豪的生活。

她在得克萨斯州的埃尔帕索安顿下来，并在一家洗衣店工作，一天仅赚1美元，但她从没忘记自己的梦想，即要在贫困的阴影中创建一种受人尊敬的生活。于是，口袋里只有7美元的她，带着两个儿子乘公共汽车来到洛杉矶寻求更好的发展。她开始做洗碗的工作，后来找到什么活就做什么，拼命攒钱直到存了400美元后，她买下一家拥有一台烙饼机及一台烙小玉米饼机的店。

不久，她经营的小玉米饼店铺成为全国最大的食品批发商，拥有员工三百多人。她和两个儿子经济上有了保障之后，这位勇敢的年轻妇女便将精力转移到提高她美籍墨西哥同胞的地位上。"我们需要自己的银行"，她想。后来她便和许多朋友在东洛杉矶创建了"泛美国民银行"。这家银行主要是为美籍墨西哥人所居住的社区服务。

结果她真的梦想成真了。后来她的签名出现在无数的美国货币上，她由此成为美国第三十四任财政部长。

你能想象得到这一切吗？一名默默无闻的墨西哥移民却胸怀大志，后来竟成为世界上最大经济实体的财政部长。

正如设计某一建筑，我们要想完成某一伟业，在它成为现实之前，必须先在头脑中把它所需要的条件全部创造出来。一幢建筑物如果没有具体的建筑计划，是根本不可能建成的。在砖瓦运来之前，建筑师必须在头脑中描绘详尽的蓝图；必须先在构想中把它创造出来，生活中出现的任何事物，我们总是先在精神中把它创造出来，这就是梦想所带来的神奇力量。

伟大的梦想可以引导着我们战胜一个又一个困难。企业家不仅要为自己和企业树立自己的奋斗理想，也应该帮助员工树立他们的理想。因为，一个人有了梦想，就不会害怕任何艰难险阻，在梦想面前，所有的困难都只是一个小小的考验而已。

专注，用手中的枪去瞄准目标

百度上市的时候，很多人疑惑，百度凭什么打败众多的竞争对手。秘诀很简单，就是专注。这么多年来，百度只做了搜索这一件事情。

——李彦宏

管理学中，有个著名的手表定律：当我们只有一块手表的时候，我们能很快确定时间，该干什么干什么；当我们有两块或更多手表的时候，我们会看看这块，又看看那块，时间上的不一致会让我们犹豫不决。拥有两块或更多手表并不能告诉我们更明确的时间，反而会让我们对时间的判断缺乏自信。这也在告诉我们，设定两个或更多的平行的目标，只会让自己的企业和员工无所适从。

美国明尼苏达矿业制造公司（3M）的口号是："写出两个以上的目标就等于没有目标。"这句话的智慧不仅体现在公司经营中，也体现在企业管理中。没有目标的企业就像是一只无头苍蝇，只是停留在原地；而目标不明确甚至有多个目标的企业就像是一只被蒙了眼睛的苍蝇，他会完全失去了方向感，注定只会四处乱转。

一个成功的猎人，就要精于瞄准，瞄准猎物后再开枪，一击而中。通过对目标的选定与明确，保持对某个目标的专注，最终顺利达到目标。

老猎人有三个儿子，他带他们进山狩猎。一切准备工作做好之后，老猎人问三个儿子："你们现在能看到什么？"

老大回答道："我看到了我们手里的猎枪，我们三个人和森林里乱窜的野兔。"

父亲摇摇头说："不对。"接着又向老二提问。

老二回答："我看到了猎枪、野山鸡。"

父亲同样很失望，摇摇头说："不对。"

老三的回答只有一句话："我只看到了野兔。"

这时父亲点点头说："很好，你答对了。"

结果，一天下来，老三的收获最多。

唯有像这个最小的猎人一样找准目标、专注目标，从而坚定地扣动扳机，才能收获到更多。因此，对同一件事情，不能确定多种不同的目标；对于一个企业，不能有几个不同的平行目标，否则，容易让企业陷入混乱之中，不仅管理的人混乱，下面执行的人也会没有头绪，不知道到底该怎么办。

诺基亚公司董事长奥利拉有一句名言：一个企业不可能在方方面面都行，必须学会专注。作为一个优秀的管理者，有明确的目标很关键，不能让精力分散在不同的点上，并让这个目标成为企业成员、团队成员共同奋斗的方向。大家有劲往一处使，做起事来会更容易、更快速，这样，才能把事办成。

李彦宏创立百度以来，始终坚持搜索业务。

当时从国外回国创业的李彦宏选择了搜索业务。其时电子商务已火遍美国 IT 界，乘着网络泡沫的列车，无数人拼了命地要挤上这辆网络快车，不惜放弃自己的专业。

但李彦宏没有放弃自己当初的目标。2001 年，正值互联网产业的寒冬，百度"为他人做嫁衣"之路越走越窄，当时网络游戏、短信平台异军突起，不少人跟风赚了个盆满钵满，也有不少人鼓动李彦宏借此机会把百度带出困局。李彦宏却顶着无数人的怀疑与不解，始终坚持最初的选择，不随大流，不改方向，不断翻新、挖掘搜索领域。他相信，搜索领域的潜力还很大很大。

由于他的专注和坚持，百度终于走上了十年百倍的发展壮大之路。

伊格诺蒂乌斯·劳拉有一句名言："一次做好一件事情的人比同时涉猎多个领域的人要好得多。"有太多的目标，在太多的领域内都付出努力，我们就难免分散精力，最终一事无成。

多个目标让我们无法集中精力。"年轻人事业失败的一个根本原因，就是他们的精力太过分散，有太多的目标，以至于一无所成。"这是戴尔·卡耐基在分析了众多个人事业失败的案例后得出的结论。有些人在建筑业工作了 2 年，又转去金融业奋斗了 3 年，最后在零售业拼搏了 4 年，看上去他们付出的辛苦比谁都多，没有明确的目标注定他们一无所成。

管理者应该记住这一点，多个目标等于没有目标。当你有多个目标时，你不妨把多个目标简化为一个目标！

目标的恒一性——"二十年来坚持做同一件事情"

百度的创立源于我作为一个技术人员的梦想，这个梦想就是用技术来改变世界，来改变普通人的生活。经过 6 年的努力，百度已经变成了全球最大的中文搜索引擎，每天回应数亿次网民的检索需求。

——李彦宏

李彦宏曾表示，多年来坚持做一件事情，并且跟着公司不断成长，"最根本的原因，还是自己心中的一个理想，想把一件事情做成。"在追逐理想的过程中会发生各种各样的变化，这时是否还能坚持理想，是成功与否的关键。

美国哈佛大学对一批大学毕业生进行了关于人生目标的调查，结果如下：

27％的人，没有目标；60％的人，目标模糊；10％的人，有清晰而短期目标；3％的人，有清晰而长远的目标。

哈佛大学在 25 年后再次对这批学生进行了跟踪调查，结果是：

那 3％的人几乎都成为社会各界的成功人士、行业领袖和社会精英，因为他们始终朝着一个长远的目标不断努力；10％的人，成为各个领域中的专业人士，大多生活在社会中上层，他们的短期目标不断实现；60％的人，他们过着安稳的生活，也有着稳定的工作，却没有什么特别的成绩；剩下 27％的人，生活没有目标，并且还在抱怨他人，抱怨社会不给他们机会。

由此可见，是否有长远恒一的目标是决定一个人未来发展乃至最终成败的关键因素。那些成功的企业人士在事业的道路上深谙目标"恒一性"的益处。

1999 年，马云回到杭州，以 50 万元创业，建立阿里巴巴网站。

这一时期，正值中国互联网最疯狂的时候，新浪、搜狐、8848风生水起，互联网被人们称为"烧钱"的行业。作为其中一员，马云和他的追随者们也被认为是一群疯子。但马云清楚自己的目标是什么，他要做的就是充满激情地向前走，永远地走下去。

2003年，阿里巴巴的股东孙正义召集了他投资的所有公司的经营者们开会，每个人有5分钟时间陈述自己公司的现状，马云是最后一个陈述者。他陈述结束后，孙正义做出了这样评价：马云是唯一一个3年前对他说什么，现在还是对他说什么的人。

2005年12月6日至16日，在中央电视台经济频道举办的2005中国经济年度人物评选创新论坛上，马云应邀在北京大学中国经济研究中心演讲。在这次演讲中，马云再次重申了阿里巴巴对专心致志地做好一件事的坚决态度。

他说："他不知道以后阿里巴巴什么样子，但是在未来的三年到五年，他仍然会围绕电子商务发展自己的公司，他觉得阿里巴巴绝对不能离开这个中心。十年的创业告诉他，阿里巴巴永远不能追求时尚，不能因为什么东西起来了就跟着做，不能做着这个想着别的。"

马云正是坚持着多年来一直在做的一件事——电子商务，才获得了阿里巴巴今天的辉煌。

当目标最终确定后，企业的全体员工就会在工作中为实现这个目标而努力。如果管理者在目标确定之后还随意地更改，就会给公司发展方向带来极大的不利影响。正所谓"牵一发而动全身"，朝令夕改的目标会让企业失去前进的方向。

春秋时代，楚国有一位拥有高超射箭技术的人。楚王很羡慕他的本领，于是就请他教自己射箭。楚王兴致勃勃地练习了一阵子，渐渐能得心应手，于是就邀请他一起到野外去打猎。

随从将躲在芦苇丛里的野鸭子赶出来。野鸭子被惊扰地振翅飞出。楚王弯弓搭箭，正要射猎时，忽然从他的左边跳出了一只山羊。

楚王于是又将箭头对准了山羊，准备射它。在这个时候，右边突然又跳出一只梅花鹿，楚王把箭头对准了梅花鹿。

忽然大家一阵惊呼，原来从树梢上飞出来一只较为珍贵的苍鹰，振翅便往空中飞去。

正当楚王的注意力被苍鹰吸引，要将箭头瞄准苍鹰时，苍鹰却迅速地飞走了。楚王便只好又转过头去射梅花鹿，但是梅花鹿最终也逃走了。于是便只好再回头去找山羊，但山羊也早早地溜掉了，最后连那一群野鸭子都飞得无影无踪了。

楚王拿着弓箭比画了半天，结果什么也没有射着。

随意更改目标，会让你一事无成，瞄准了一个目标后，就要全力以赴，绝不能在过程中随意变更。管理也是如此，只有认真地细分市场，瞄准目标并锁定目标，并且加强部门或团队间的协调配合，全力推进企业宏伟目标的实现，才能最终将目标转化为现实。

确定目标后，就要坚持目标。这就告诫管理者在确定目标时，一定要考虑周全，确定了目标后切勿随意更改。这样才能保证企业员工都能履行各自的岗位职能，企业的发展才能按部就班，从而实现最终的目标。

否则，管理者随意更改发展目标，只会让团队失去方向感，只会使公司彻底缺乏向心力和凝聚力！

学会"走楼梯"，分步实现阶段性目标

任何一个大的目标都可以分成许多小的目标来实现，即使你不能一下子达到最高目标，你只要一步一步向前走，最终就能实现。

——俞敏洪

现实中不乏志向高远的人，他们中的不少人却沦为了空想家；现实中亦不乏具有宏伟战略目标的企业，但能真正实现战

略目标，在激烈的市场竞争中生存下来并成为行业领头羊的屈指可数。究其原因，往往不是因为没有设定目标，而是在追赶目标的过程中折戟沉沙。

那么，那些最终达成目标，取得成功的企业家是如何克服这个问题的呢？新东方教育集团的创办者俞敏洪认为，人可以通过不断地给自己创造成就感来避免倦怠，保持实现目标的动力，而拥有成就感最直接的方法就是设立阶段性目标。

俞敏洪说："有些人本身没有什么能力，上来就想赚大钱，一点基础都没有就想做大事业，那肯定是不行的，也不会成功的。"

出国留学失败后，俞敏洪以养家糊口为目标。"我当时的目标很简单，就是一天赚30块钱，因为我每天上一次课，一次课当时就是30块钱。但是当我达到了一天赚30块钱的目标后，我就开始想更高的目标，后来我就一天上两次课，一天赚60块钱。再后来，我看到别人办培训班，一天能赚600，我就想是不是我也试试，因为我的能力似乎不比别人差，于是我也开办了自己的培训班。这就是一天一天进步的精神，这就是蚂蚁搬泰山的精神。如果一开始就让我创办现在规模的新东方学校，那我会被吓死的。"

分阶段实现目标不仅是一种务实的精神，更是一种智慧。在人生的旅途中，如果我们稍微具有一点儿俞敏洪这样分阶段实现目标的智慧，把大目标分解成若干个小目标去分阶段实现，那么我们的一生中也许会减少许多遗憾和惋惜。

阶段化就是具体化，它使得一个看似遥不可及的目标有了一步步被实现的可能。现实中也许有无数个和俞敏洪一样怀揣着创业梦想的青年，但鲜有和他一样最终取得成功的人。他们中的许多人也许有着比俞敏洪更出色的才能，或者遇到过更好的机遇，但最后他们都失败了。并不是幸运女神不够青睐他们，而是他们缺少把大的目标分阶段实现的能力。

为什么说"将目标阶段化"对"目标的实现"如此重要呢？

将目标阶段化可以使人对梦想保持持续的热情。很多目标的实现过程是一场马拉松长跑而非百米冲刺，想要在终点取胜，仅仅在起点有满腔热情是不够的。暂时的冲动可能让你在比赛的初期占尽先机，但由于道路的漫长，冲动会消退，只凭三分钟热度是无法赢得比赛的。而把大的目标分解成阶段性目标，就如同把马拉松长跑分解成很多个百米赛跑，这样每一个百米终点的冲刺都能带给人完成目标的满足感、成就感，这种满足感会让你持续地保持兴奋，将暂时的冲动蜕变为耐力，将漫长的痛苦蜕变为享受与成长，让你对梦想保持持续的热情。

将目标阶段化可以让目标更为明确具体。成功学家拿破仑·希尔曾举过这样一个例子。

同样是做房地产生意，杰克计划向银行贷款大约 1.2 亿美元，而罗比则向银行贷款 1.1939 亿美元。

最后，银行贷款给罗比，而拒绝了杰克的贷款请求。

在银行主任看来，罗比的预算具体且考虑很周到，说明罗比办事仔细认真，成功的希望较大。

罗比是怎样做到将预算计划得如此详细的呢？罗比介绍了一种将目标逐一击破的方法。利用这种方法，你可以对自己的工作进行规划：

假设你的工作计划为 5 年，让你的 5 年宏伟目标获得成功的秘诀是化整为零，每天做一点儿能做到的事。

（1）将你的目标分成 5 份。你把 5 年目标分成 5 份，变成 5 个一年目标，那你就可以确切地知道从现在到明年的此刻你必须完成的工作了。

（2）将每年的目标分成 12 份。祝贺你，你将进一步有了每月的目标了。如果要落实你的 5 年计划，你现在就更能清楚地了解从现在到下月的此时你应该完成什么了。

（3）将每月的目标分成 4 份。现在你可以知道下星期一早上必须着手做什么了。同时，唯有如此，你才会毫不迟疑地去做自己该做的事，然后，继续进行下一步。

（4）将每周的目标分成 5～7 份。用哪个数字划分，完全取决于你打算每周用几天从事这项工作。如果喜欢一周工作 7 天，则分成 7 份；如果认为 5 天不错，就分成 5 份。自动地选择哪一种全靠你自己。但是，不论做何种选择，结果都是一成不变的，你一定要问自己为了成功，我今天必须做什么。

可见，"分"是一种人生大智慧，它能帮助我们明确实现目标的道路。越大的目标越是难以实现，不仅因为它所需的努力和才智越多，更因为实现它的道路更加曲折，有时甚至让人难以辨认，迷失方向。阶段化目标是最好的解决方法，将大的目标阶段化可以使人对整个过程更加清晰，明确实施过程中的所需的环节，按部就班，步步为营，从而到达最终的目的地。

分阶段实现目标使人更具行动力，在工作中保持高效。外在的行动力源于内在的自信心，当我们对一个目标没有信心时，行动力疲软也就不足为奇。很多时候，由于目标过大我们的意识按照当前自己所处的位置去衡量和目标间的距离，得出"遥不可及"的结论。

通过将大目标阶段化，与阶段性目标间的距离就会缩短，我们对目标的实现信心满满，自然干劲十足，踏实完成小目标才能实现最终的大目标。

尽可能提前完成目标的最后期限

如果不给员工一个具体的完成期限，目标的引导作用会大打折扣。

——北大管理理念

北大的管理理念认为，如果一个目标没有了完成期限，那反而会成为一种阻碍。比如说，管理者只说明让员工完成 30 万元的销售额，却没给他一个明确的期限，是一个月，一个季度，还是更久呢？这样对员工而言，这样的目标根本不能称之为目标。

管理者确定企业或部门的目标之后，如果没有完成期限，最终可能也不能起到预想中的结果。试想，当一个目标本可在三个月内完成时，他们却用了半年甚至更久，那并没能起到提高企业业绩、提振士气的作用。

联想集团在创办之初，柳传志就为联想达到的目标设定了时限。他说联想要做一个年销售额达到200万元的大公司，结果当年销售额达到了300万元。之后，柳传志再设定了一个阶段性的目标，用10年的时间达到4.5亿美元的销售额。

这个远景规划目标在很多人看来不太可能完成，但事实证明，柳传志是正确的。随着联想业务的扩张，到了1995年的时候，联想内部把2000年的目标修正为20亿美元，结果最终营业额达到了30亿美元。

管理者应该善于为目标设定"最后期限"。任何事情如果没有时间限定，就如同开了一张空头支票。只有懂得用时间给自己施加压力才能保证如期达到目标。

有些目标能够在短时间内完成，而有些则需要安排相当长的一段时间才能完成。总之，目标都需要有一定的期限，这样才能进行有效的考核。

给员工以一定的压力，他们会尽最大的努力在规定的时间内完成目标，其结果往往就会实现目标并在一定程度上超过预定的目标，给企业带来更大的效益，也提高了企业的竞争力。比如说要求员工在6月30日前完成上半年的工作目标，这样既能给员工一个时间上的标准，也能让员工感受更大的压力，最终达到甚至超过预定的目标。

一个优秀的管理者，最好制定自己每日的工作时间进度表，记下事情，定下期限。清人文嘉有首著名的《今日歌》："今日复今日，今日何其少，今日又不为，此事何时了？人生百年几今日，今日不为真可惜，若言姑待明朝至，明朝又有明朝事。"

管理者要善于为目标设定最后期限，并且要让员工明白，一定要在最后的期限内完成。

设定最后期限让员工积极行动起来以按时完成各项工作，并且激发了自身的能动性。反之，没有时限的目标，会让人不自觉地拖延起来，让目标的实现之日变得遥遥无期。任何任务目标都必须受到时间的限制。只有善于给目标设定最后期限，懂得用时间给自己施加压力，才能出色高效地完成工作。

很多员工都有这样的经验：上级在星期一一大早就布置了工作任务，要求在星期五之前必须完成，同时强调最好是尽快完成。可以想到的是，很多人从星期二到星期四几乎很难安下心来把任务完成并主动交上，总是在星期四晚上或星期五早上的时候才最终把任务赶完。如果上级布置工作任务时要求星期三之前交上来，即使不强调最好尽快完成，那么你也会在星期三之前把任务完成。

拖延从某种意义上来说是人的本性，当给员工规定完成目标的最后期限时，管理者应该带领员工尽量把最后期限定在前面。否则，过于宽松的最后期限在很多时候起不到提高我们工作效率的作用。

把工作目标和最后期限紧密地结合在一起，才能让管理的效率得以提升。不妨给自己和员工设定完成目标的合理的最后期限，让目标激励团队勇往直前。

艺术而又科学地设定目标，最好是使劲跳后就能触摸到

"跳一跳摘桃子"，就是强调目标的确定应该是在力所能及的范围内再稍作努力就可以达到。

——北大管理理念

企业在管理者的带领下能够走多远，能取得何种业绩和成

就，在某种程度上取决于管理者所设定的目标。目光远大的管理者从全局出发，制定出远大的目标，让员工能看得见、摸得着，激励员工勤奋努力，从而引领企业向更高远的方向发展。

如果将目标比作"桃子"，在将目标定得太高，连跳数次仍然摘不到"桃子"，员工会认为努力也是白费劲，最终丧失信心；目标太低，无须跳就能摘到"桃子"，就使人们失去了努力的动力，不利于发掘员工的潜能。所以目标太高或太低都不利于激发员工的干劲。

如何把握制定目标的"度"呢？目标需要"跳一跳"才能"够得着"，所以，北大管理课认为，制定企业目标的时候，不能让目标过低、轻易便能实现。管理者一定要从企业长远的发展规划出发，使目标尽量高远，但不能远远超过企业可提供的条件或者员工的能力，超过可实现的范围。

让目标能够实现，并不意味着管理者在制定目标时一再降低对目标的要求，结果员工很轻松地就能完成，没有一点儿挑战性。比如说一天至少可以见 5 个客户，而你的要求是让他们只要见 3 个客户，这样的目标很容易就能够实现，根本不能激发他们对工作的热情。

让目标有一定的挑战性，是因为每个人都有他的惰性，太轻松地就能完成目标会让他们更加没有压力。很多时候，我们都强调有压力才会有动力，一个没有挑战性的目标会让他们大大放松对自己的要求，更别说能激发他们的潜能了。

领导者在团队建设中的首要任务，就是为组织成员设定一个具体的、明晰的、有挑战性的目标。

一天，在百度公司的内部会议上，当时百度的竞价排名业务刚刚起步。李彦宏问大家，当年竞价排名的销售收入目标应该定多少？有人说 50 万，有人说 100 万，对于这些目标，李彦宏一直摇头。有一个人胆子最大，站起来说："那就定到 200 万，翻它几番！"此言一出，现场的人都一片唏嘘——从前一年的 12 万一下子增长到 200 万，这个目标太有挑战性了。

但是，对于这个数字，李彦宏还是摇头。随后，他告诉大家，2002 年竞价排名的销售目标是 600 万！这个数字一出，几乎所有人都被震住了，竞价排名业务组的员工几乎都傻了——按照 600 万的目标，平均每天的收入得 18000 元，而当时每天的收入最多才 2000 块钱，要实现 600 万的目标，岂不是天方夜谭？

其实，李彦宏制定这个目标并非是天方夜谭，而是建立在科学分析的基础上。尽管除了李彦宏，其他的人都无法相信能够达到这样的目标，但在李彦宏的坚持下，这个目标还是定下来了。结果，2002 年 12 月，康佳、联想、可口可乐等国际知名企业都成了百度竞价排名的客户。当年，百度的竞价排名销售达到了 580 多万，基本实现了预定目标。

目标对员工如果要产生激发作用的话，那么对于员工来说，这个目标必须是可接受，能完成的，并且具备一定的挑战性，这样可以激发出其工作潜力。对一个目标完成者来说，如果目标超过其能力所及的范围，则该目标对其是没有任何激励作用的。

每个人都可以随意地设置一个目标，但是如果这个目标没有实现的可能，也就没有了意义。更为严重的是，它还会重挫员工在执行过程中的积极性与自信心。

作为管理者，在制定目标的时候，一定要郑重考虑目标的可行性。目标设置脱离了现实便成了荒诞，让执行人员无法接受，像这样的目标，超过了企业的现状和员工的实际能力，对员工起不到任何的激励作用。

高尔文是摩托罗拉公司的创始人，他所定的目标对员工来说往往具有挑战性。20 世纪 40 年代末，摩托罗拉公司刚进入电视机市场时，高尔文就为电视机部门制定了一个富有挑战性的目标：在第一个销售年，需要卖出 10 万台电视机，还必须在保证利润率的前提下。

这个目标一经发布，公司就有人抱怨说："我们怎么可能一下子卖出那么多呢？那至少意味着我们在电视机这个行业的排名能升到前四，再看看我们现在的排名吧，最多能排第七。"

还有人在利润率上发牢骚说："售价还不到 200 美元，那成本得从现在的基础上下降多少啊，如果我们不能有效地降低成本，怎么盈利？"

不过，高尔文并没有降低他的目标，只是说："我们一定要卖出这个数量。在你们拿出这种价格、卖出这个数量，还有利润的报表给我看之前，我不想再看任何成本报表。我们一定要努力做到这一点。"

许多看似不可能的目标，完全是可以实现的。不到一年，摩托罗拉公司实现了原定的目标，并不断发展。

这也给我们一个启示，管理者在制定目标时，要适当地给员工一些压力，既不能让目标太高，脱离了实际，也不能让目标太低，远在员工的能力范围之下。要让他们觉得这个目标并不是那么容易实现，但只要自己努力去做，"跳一跳"还是可以实现的，这样才能最有效激发员工的活力。

我们会发现，很多企业目标过低，反而会让员工感到不满意，一个不能充分发挥自己能力和挖掘自己潜力的企业更不值得他们留恋。当然企业目标过高，即使激发了员工的进取心，但达不到目标时，往往也会挫伤积极性。作为管理者，要让目标上一个高度，让员工需要跳起来才能触碰到它。

第二章　决策管理课：
学会做决策，但必须"摆脱具体事务的羁绊"

指挥上的"独裁"：必须要抓的大权

对于一个人来说，最重要的能力之一是做出判断、做出选择。如果大家研究过百度的成长过程，你会发现百度在很多时候，是做了正确的决策，或者说我们是选择了比较正确的路子走过来的。

——李彦宏

管理学大师西蒙认为管理就是决策，决策是管理者的主要职责。北大管理理念认为，管理者在某些方面可以授权，但在某些方面则不宜授权，比如决策权方面。李嘉诚就曾经这样给自己定位："我是杂牌军总司令，我拿机枪比不上机枪手，发射炮弹比不上炮手，但是总司令懂得指挥就行。"管理者就要做一个善于决策的"总指挥"。

一般而言，决策分为以下几种类型：

（1）个人决策和集体决策。个人决策是以个人决定的方式所做的决策，集体决策是管理集体所做的决策。在工作中，根据不同的情况，采取个人决策或集体决策的方式。尤其遇到日常一般性事项和问题，则通常由管理者自行决策，不必事事依靠集体决策，以免延误行动时机。

（2）单项决策和多项决策。单项决策是就单个事项或目标做出决策，其情况（人、事、物）比较单纯。多项决策是涉及多个事项或目标的决策，涉及时间和空间各个方面，内容繁多而复杂。

（3）常规决策和特殊决策。常规决策是指管理者对经常、反复打量出现的事情做出决策，它具有一定的规律性，因此，可以利用例行的程序进行决策。而特殊决策则是非常规决策，指对偶然出现的事情做出决策。凡是过去没有出现过、涉及面广且新的事情和问题，没有可供决策遵循的程序，管理者必须有能力鉴别出这些特殊的事情和问题，及时做出科学、正确的决策，顺利处理这些问题。

对常规性决策，管理者可以沿用惯例。但是对非常规性决策，管理者需要充分发挥创造性和高超的决策技术。

对管理者而言，决策权是最重要的权力，必须牢牢把握。管理者可以将建议权赋予最了解事情的人，管理者要鼓励不同的人尽量多地给建议，把想法通过各种渠道汇集上来。在建立在汇集信息的基础上，管理者拥有最后的决策权。

管理者虽然了解的信息可能没有其他人员直接，但掌握信息量大，而且更全面。作为管理者，看问题的角度更专业，并且管理者是对全局负责的人，从这个角度来说，决策权作为管理者的"保留权力"，绝不能轻易下放给其他人。

百度这么多年来做出的决策几乎没有出现过重大的失误。从当年开始创业融资的时候怎么做，确定什么样的商业模式，遇到困难时是否转型做竞价排名，到2005年是上市还是把百度卖给别人，这些决策于百度而言是一个又一个的关键时刻。李彦宏对百度在重大问题上的决策能力很有信心，这也是多年决策积累的结果。

作为管理者，只要你的提议和决策是对的，并且自己拥有最终决策权，决策就可以坚决地贯彻下去。

决策从来不是由多数人来做出的；多数人的意见虽然要听，

但做出决策的，只能是管理者一人。当然，作为掌握决策大权的管理者，既要"厚德载物，以理服人"，也得做到"该出手时就出手"，当机立断，掌握大权。没有强势的姿态就做不成事情。

林肯作为一代优秀的美国总统，他上任后不久就将6个幕僚召集在一起开会，讨论其提出的一个重要法案。幕僚们的看法不统一，7个人激烈地争论起来。在最后决策的时候，6个幕僚一致反对林肯的意见，但林肯仍固执己见，他说："虽然只有我一个人赞成但我仍要宣布，这个法案通过了。"

很多人可能会被林肯的独断专行所迷惑，其实，林肯已经仔细地了解了其他6个人的看法并经过深思熟虑，认定自己的方案最为合理。

而其他6个人持反对意见，只是因为条件反射，有的人甚至在人云亦云，根本就没有认真考虑过这个方案。既然如此，林肯作为决策者，自然应该力排众议，坚持己见。

而管理者在具体决策的过程中，必须依据一定的原则进行决策，主要包括如下：

（1）评优方案，追逐目标。管理者要从各种方案中选出实现目标最适合的方案，必须预先评估审查各方案的满意程度。要选定最能满足实现目标需要的那个方案，不可偏离目标。

（2）统筹兼顾，适当安排。管理者要从全局出发权衡方案的利弊得失，要考虑到有利无害、有利有害和有害无利三种情况，并具体分析三种情况中的利与害的大小程度后做出取舍。在实施方案时，要有整体观念，做到局部利益与整体利益、长远利益的结合。

（3）不同类型，区别对待。按所处的条件不同，决策分竞争型、风险型、确定型和不确定型决策四种情况。管理者在决策过程中，需要一句不同的类型，区别对待。

需要注意的是，有决策必然会存在风险，就有可能会产生不良后果。管理者对决策可能出现的不良后果，除应采取预防措施来消除外，还必须准备一定的应急措施，以备万一问题发生时能消除或减少影响。发生的可能性小也不意味着不发生，因此做好决策的预防和应急措施还是非常有必要的。

以下23条简明扼要的提示，提供关于如何做决策的重要信息：

(1) 做出决策之前必须小心审视每一个方案。

(2) 如果发现以前的决策仍旧有效，可以好好利用。

(3) 做长期决策时，同时将短期选择铭记在心。

(4) 改变那些不再适用的决策。

(5) 考虑每一个决策会牵连到的影响，它们可能会很庞大。

(6) 尝试预测以及准备应付任何情势上的改变。

(7) 问一下自己，你的决策可能会发生什么错误。

(8) 做决策时，要考虑所有可能的结果。

(9) 用理性的逻辑分析去平衡直觉式的预感。

(10) 评估你的决策能力，并且努力改进。

(11) 尽量避免充满意外因素的决策。

(12) 可以沿用有效的前例，但若已失效，则应避免使用。

(13) 以良好的决策挑战公司的文化。

(14) 要让别人知道你善于提出有效的、具创意的且新意的想法。

(15) 决策要结合智能与直觉。

(16) 了解决策背后的权术。

(17) 要衡量决策对所有部属的影响。

(18) 不要将已指派的决策权紧抓不放。

(19) 如果须驳回被委任者的决策，先应该给予充分的理由。

(20) 信任他人的决策能力。

(21) 永远不要在强大的时间压力下做决定。

（22）当决策失败时，要立即采取行动。

（23）不要拖延一个重要的决策，而应快速地下决定。

决策目标要明确，行动就有针对性

决策目标不明确，选择就会发生偏移，甚至也会出现南辕北辙的后果。

——北大管理理念

管理工作中，管理者会面临各种各样的决策选择。唯有决策目标明确了，行动就会有针对性。

在决策之前，管理者要回答出下面这几个问题：这个决策要实现什么？要达到什么目标？这个决策的最低目标是什么？执行这个决策需要什么条件？

想清楚要达到什么结果，可以帮助我们果断地做出决策，钢铁大王安德鲁·卡内基给我们做了一个良好的示范。

钢铁大王安德鲁·卡内基年轻的时候，曾经在铁路公司做电报员。一天正好他值班，突然收到了一封紧急电报，原来在附近的铁路上，有一列装满货物的火车出轨了，要求上司通知所有要通过这条铁路的火车改变路线或者暂停运行，以免发生撞车事故。

因为是星期天，一连打了好几个电话，卡内基也找不到主管上司。眼看时间一分一秒地过去，而正有一列火车驶向出事地点。此时，卡内基做了一个大胆的决定，他冒充上司给所有要经过这里的列车司机发出命令，让他们立即改变轨道。按照当时铁路公司的规定，电报员擅自冒用上级名义发报，唯一的处分就是立即开除。卡内基十分清楚这项规定，于是在发完命令后，就写了一封辞职信，放到了上司的办公桌上。

第二天，卡内基没有去上班，却接到了上司的电话。来到上司的办公室后，这位向来以严厉著称的上司当着卡内基的面将他的辞职信撕碎，微笑着对他说："由于我要调到公司的其他部门工作，我们已经决定由你担任这里的负责人。不为其他任何原因，只是因为你在正确的时机做了一个正确的选择。"

卡内基清楚地知道自己必须达到什么结果，那就是必须要避免重大事故的发生。为此，他毫不犹豫地做出了决策，哪怕自己会因为这个选择而丢掉工作，他也不会对此有任何悔恨。

而很多人在选择面前犹豫、彷徨，正是因为自己对决策目标的不明确，一会儿想要实现这个目标，一会儿又想要实现那个目标。明确目标可以让我们避免了徘徊与游移不定，让管理者在决策过程中更加果断和更有针对性。

在管理过程中，很多决策是建立在没有明确目的的基础上，这样的决策只会造成管理的混乱。优秀的管理者一定会在决策时首先考虑如何才能达到预期的目标。

"二战"时，美国作为盟国的军火生产基地，向欧洲同盟国运送了大量的武器。为了尽可能多、尽可能快地运往西欧前线，便让商船加入了运载军火的行列。但是商船常常遭到德军的袭击，损失惨重。

为了让运送军火的商船突破德军飞机的封锁，免受德军飞机的攻击，美国海军指挥部决定在商船上安装高射炮。但是过了一段时间，却发现这些高射炮竟然没有击毁一架敌机。

在海军指挥部内部，有人对在商船上安装高射炮提出异议。针对这一问题，盟军海军运筹小组研究后发现，把在商船上安装高射炮这一决策的目标定为击毁敌机是不妥当的。这一决策的正确目标，应是尽量减少被击沉的商船数，从而保证军火供给。虽然安装在商船上的高射炮没有击毁一架敌机，但实践证明，它在减少商船损失，保证军火供给方面却是有效的。

基于这样的目标，美国海军指挥部最终否决了"不在商船上继续安装高射炮"的意见，继续在商船上安装高射炮。

明确的决策目标会给我们带来清晰的指引，正确的决策目标具有重要意义，而决策目标的不明确或失误有时会造成难以弥补的损失。

北大管理理念认为，决策目标要明确，这就要求决策目标应当有确定的内涵，切忌笼统，要求决策目标、概念必须清晰。具体到决策的过程，必须坚持的目标具备以下两个特征：

1. 目标是具体而明确的

如"发展成为成功的企业"就不是具体明确的目标。可以把这个目标量化为：五年之内，发展要成为一个资产达 1000 万元、年销售额达到 1000 万元的公司。决策目标必须建立在明确具体的基础上。

2. 目标是可测量的

要把目标转化为可以被量化测量的指标。如：完成所有老员工关于"时间管理"的培训就可以改为：完成对所有老员工关于"时间管理"的培训后，学员对课程的评分要在 85 分以上，低于 85 分就说明该课程的效果不理想，没有达到目标。

决策以长期理念为基础，即使牺牲短期财务也在所不惜

勇往向前，终会实现目标。做企业也是这样，放弃急功近利的心态，企业才会有长久的生命力。

——黄怒波

在北大管理理念中，一向不推崇急功近利。一个企业的经营决策不能仅仅看它现在的利润率表现，更需要看它未来的发展前景。如果企业暂时赚钱了，却不去提升自己的竞争力，那么以后这家企业的钱是越来越难赚。所以，管理者的经营决策要把精力放在持续赢利的方面。

持续赢利指企业既要能赢得利润，又要有发展后劲，赢利

具有可持续性、长久性，而不是一时的偶然行为。"360 杀毒"是国内免费杀毒软件的开创者，当初做出免费试用的决策，让如今的"奇虎 360"成为互联网行业的新宠。

虽然奇虎 360 只能算是杀毒业的新兵，但在周鸿祎的领导下，360 安全卫士以免费招式掀起了安全领域的风暴。做出免费的承诺，在当时是"冒天下之大不韪"，因为免费软件面临着一个问题：如何赢利？事实证明，"免费"的决策让 360 尝到了甜头。

顺应互联网的免费趋势，360 安全卫士推行的赢利模式很简单：普遍性服务免费，增值服务收费。周鸿祎和他的团队认为，免费的软件能够吸引足够大的用户群。只有足够多的用户，才能为未来的赢利创造良好的基础。在软件价格低廉的情况下，即使有 1% 的 360 用户，每个月哪怕花费几块钱，付费也是庞大的市场。正是基于这样的认识，周鸿祎最终才做出了 360 免费的决策。

增值业务也体现在 360 安全浏览器上，上面集成谷歌、百度、有道搜索框，每天有成千上万的人在使用，这些搜索框每天都在给 360 带来利益，同时 360 安全浏览器中投放的文字广告也会带来不少收入。

凭借着 360 安全卫士等免费软件，奇虎获得尽可能多的用户群，并通过提高软件功能和丰富多样的产品种类来满足不同客户的需求。对于那些只有少数人需要的个性化服务，奇虎 360 将针对部分用户提供增值服务从而赢利。

如今，奇虎 360 已经拥有了庞大的消费群体，奇虎 360 正进入稳定发展中。

管理决策必须建立在持续赢利的基础上，持续赢利是对一个企业是否具有可持续发展能力的最有效的考量标准。一旦有了庞大的消费群体，收益就有了保证，这个赢利模式也就能持续。

经营决策考验管理者的智慧,每个企业都是一个复杂的个体,其所处的商业环境、客户定位、产品与服务的选择以及拥有的资源都不同,所以,如何决策最终实现可持续赢利的问题变得不简单。持续经营靠模式将唤醒经营者们对企业的命门——商业模式的重视、认知和思考,帮助更多经营者掌握识别、规划、评价、创新企业商业模式的知识和技能,以便为企业塑造成功的商业模式,将有助于创业者思考并解开企业持续赢利的奥秘。

决策确定后,要达到持续赢利的道路并不平坦,企业赢利是一个长期积累的过程。在刚开始的时候,肯定会存在很多困难,但是不要轻易放弃。所以决策之后的坚持很重要,因为坚持会让你的经验越来越丰富,行业越来越熟悉,客户越来越多,能力越来越强。

成功的商业经营决策要做到放眼未来,而不是追求短期的利润。所以企业要想持续赚钱,永远立于不败之地,就需要决策时以长期理念为基础。当你成为这个行业的专家,自然就成了市场的赢家企业。

没有充分的调查,就没有正确的决策

发现机会是企业家从事经营活动的出发点,企业家的组织职能和创新职能都是以发现机会为前提的。

——张维迎

(北京大学光华管理学院教授,著名经济学家)

北大管理理念认为,做任何决策前都应该进行科学的市场调查,充分了解信息。如果管理者不深入进行市场调查,而只是凭经验、凭感觉进行决策,在这种情况下所做的决策往往容易导致企业经营失败。

正所谓"没有调查就没有发言权"。在决策前，针对某一产品或服务的消费者，以及市场营运的各阶段进行调查，有目的、系统地搜集、记录、分析及整合相关资料，了解市场的现状及其发展趋势，为市场预测和营销决策提供客观的、正确的资料。

做好市场考察，才能有的放矢、正确决策，中国台湾地区的鼎鑫集团就是这样发展起来的。

20世纪80年代，中国台湾商人魏应行开始在大陆投资，但由于缺乏对大陆市场的了解，投资的几个项目均没有获得成功。就在他意欲退回中国台湾时，事情发生了转机。

有一次，魏应行乘火车外出办事，因为不习惯吃火车上的盒饭，便带上了方便面。没想到当时在中国台湾非常普通的方便面，却引起了同车旅客极大的兴趣，魏应行马上将面分给了他们。他们吃着热腾腾的面，直夸好吃，既方便、又实惠。这种情景无疑给了魏应行某方面的灵感。

这次小事件对魏应行有了不小的刺激，他既自责、又庆幸。自责的是自己没有对中国大陆市场进行彻底的调研，没有抓准中国大陆市场的真正缺口和需要，只一味地从自己的想象出发，最终白白地把精力和物力浪费在一些无关紧要的投资项目上。另一方面，他庆幸的是，自己在一些细节性问题的关注，最终找到了在中国大陆开拓市场的希望，那就是在大陆投资方便面。

此后，魏应行派人对整个中国大陆市场做了细致的调查，从各个地区的人口到他们的饮食习惯，再到他们的饮食规律。建立在充分调研的基础上，他决定上马方便面项目，并将产品定名为"康师傅"。

功夫不负有心人，经过多年的发展，如今，康师傅已经成为中国大陆方便面市场上的领导品牌。

凭借着对中国大陆市场的细致调研，魏应行在方便面上发现了商机，并最终决策上马方便面项目，可谓走在了同类竞争者的前头。企业的经营者除了要时时保持商业的敏感外，还要对市场进行充分调研，用一双慧眼和一颗智慧的头脑，才能做出科学的决策。

有时依据市场调研做出的经营决策往往并未如预期，这个时候需要思考市场调研的方式方法是否科学。

十几年前，上海的一家企业决定上马新型电器橱具。他们首先购买了 50 台家用微波炉和电磁炉，然后在一个机电展销会上进行试销。结果全部产品在 3 天内销售完毕。考虑到展销会的顾客缺乏代表性，于是他们又购买了 100 台各种款式的微波炉和电磁炉，决定在上海南东路的两个商店进行试销，并且提前 3 天在《解放日报》和《文汇报》上登了广告。结果半夜就有人排队待购，半天时间全都产品都销售出去了。

该企业的厂长让企业内的有关部门做一个市场调查。据该部门的负责人说，他们走访了近万户居民。据汇报上来的数据统计，有 80% 的居民有购买电磁炉和微波炉的需求。这说明老百姓对电磁炉和微波炉的需求量应该是很大的。如果扩大到附近江苏、浙江等省份，对微波炉和电磁炉需求量将是一个非常令人惊喜的数字。于是，他们下决心引进新型的生产线，立即上马进行生产。

可是，当生产线继续投产的时候，该厂的产品已经滞销，企业全面亏损。厂长亲自到已经访问过的居民家中核对调查情况。结果是：他们后来却都没有购买。问其原因，居民的回答各种各样。

最后，微波炉和电磁炉生产线只好停产。

这个案例中的企业，市场调查表面比较充分，实际上不够深入，调查应该设置相关的涉及购买动机、承受能力、使用习惯、目标消费群体的分类等，其市场调查和试销都只从结果——"销售情况"来分析问题，太过于粗犷。没有对市场容量进行实际的调查，而只是凭借自己的想象来下结论，导致盲目扩大产量，产生滞销。

市场调查是做出正确决策的前提，是制定决策的基础，可供参考的调查方法主要有两种：一是委托专门的市场调查公司，二是由自己一手操办。但总体来说，调查需要遵循以下步骤：

1. 确定明确的市场调查目标

市场调查为管理者经营决策提供科学可靠的依据。这就要求管理者首先要明确："我为什么要做市场调查？我要了解哪些情况？我要解决哪些问题?"不少管理者由于目标模糊，对市场调查的设想显得杂乱无章。这就要求管理者必须对症下药，在进行正式的市场调查之前，要先通过网络、各类报刊、统计部门、行业协会公布的信息等方式，有效地收集整理相关的二手资料。这样就能够在明确目标的指导下，为市场调查做足准备工作，而在具体调查中，消费者也乐于配合，管理者的市场调查设想也显得井然有序。

2. 设计具体的调查方案

管理者在制定明确的市场调查目标后，接下来的一个步骤就是为实现这一目标设计一个具体的方案。一个切实可行的市场调查方案一般包括以下几个方面的内容：

（1）调查要求与目的。这是每次市场调查最基本也是最为关键的问题。不管准备从事哪一种项目，都应该将需要了解的相关信息具体落实到方案上。

（2）调查对象。通常情况下，市场调查的对象一般为消费者、零售商、批发商。

（3）调查内容。管理者可以根据市场调查的目的来拟定明确的调查内容。调查内容要求条理清晰、简洁明了。避免主次不分，内容繁琐。

（4）调查样本。

（5）调查的地区范围。

（6）样本的抽取。

（7）资料的收集和整理方法。

　　企业在做决策前应该要做市场调查，科学的市场调查是决策成功的关键，不少企业因为一个错误的调查结果而导致错误的决策，最终全盘皆输。希望更多的管理者能够认识到市场调查对决策的重要性，认识到科学的市场调查是科学决策的好帮手，真正重视市场调查。

90%的信息加10%的直觉，就是成功的决策

　　对一个决策者来说，直觉犹如一把双刃剑，既有可能帮助他获得成功，也有可能导致失败。

　　　　　　　　　　　　　　　　——北大管理理念

　　作为一个管理者，每天都会遇到大量需要决策的事情。成功的决策者为自己敏锐的直觉感到自豪和欣慰，同时，也应对直觉保持清醒的认识，保持着警惕。

　　美国的巴顿将军就是以他的快速决策而著称的。他的许多决策看似出于本能，出于直觉，而且都是闪电式的。人们都说这归功于他的第六感觉，甚至认为是因为他的第六感觉很少欺骗他。他所做的"闪电决策"几乎都是正确的，这对他在"二战"中指挥美国第三坦克部队在欧洲取得胜利起了关键性的作用。

　　巴顿将军"闪电决策"看似依靠直觉，实际上是他拥有精湛的专业知识和掌握丰富的信息的结果。

　　那些获得巨大成功的经营者，在制定方案或决策时，往往十分重视利用他们直觉的经营意识。但同时，他们也会对直觉进行谨慎的判断。

　　但有些管理者在进行决策时，常常过于相信自己的直觉，领导拍一下脑袋就定下来。他决策的依据不是客观的市场调查报告，科学的理论原则以及在此基础上对市场未来趋势所做出

的正确预测，而是单凭感觉、直觉。因此，"我只相信自己的直觉"，成了许多决策者自我炫耀的口头禅。

不可否认，优秀决策者的直觉在速度和灵活性上是具有一定的优势，但是直觉决策有很大的局限性。因为直觉未必"百发百中"，不可能他所有的直觉判断都是正确的，很多曾经辉煌一时的企业家最后栽就栽在他的一个错误判断上。

史玉柱被誉为"著名的失败者"，他曾经凭直觉做出错误的决策，并一度成为中国第一"负翁"。

1994年初，巨人大厦开工典礼。史玉柱本想建成64层的高楼，但那天他做出了一个决策："64层也没与国内一些高楼拉开太大距离。"史玉柱一咬牙，脱口而出："巨人大厦要建72层。"史玉柱当年成了中国十大改革风云人物之一。

后来，巨人集团就吃亏在巨人大厦上，巨人大厦成为珠海最著名的烂尾楼，史玉柱本人从中国富豪排行榜第八一下子变为第一"负翁"，个人负债高达2.5亿元。在后来，史玉柱反思道："巨人没有及早进行股份化，直接的损失是最优秀的人才流失。更严重的后果是，在决策时没有人能制约我。以致形成家长制的绝对权威，导致我的一系列重大决策失误。"

虽然跌落谷底，但史玉柱没有气馁，他凭借脑白金和黄金搭档东山再起，短短几年之内重新积聚上百亿元资金。自此之后，史玉柱反而越来越小心，除了保健品业务，史玉柱个人只投资过三个项目：华夏银行、民生银行的股权和巨人网络。为此，史玉柱在公司内部建立了一个七人的决策委员会，投票决定投资项目，以期获得更科学的决策。

由此观之，完全的直觉决策并不可取。对于企业管理者而言，成功的决策必须首先掌握大量对决策有用的信息，从某种意义上说，决策者能否做到正确决策取决于他占有的信息量的多少。

孙子曰："故明君贤将以动而胜人，成功出于众者，先知也。"意思是说："明君和贤将之所以一出兵就能战胜敌人，功业超越众人，就在于能预先掌握敌情。"敌情就是信息，也就说，要想获得成功的决策，就需要有利于决策的信息。

1947 年，美国贝尔实验室发明了晶体管。相对于电子管而言，晶体管具有体积小、耗电少等显著优点。

但是，当时这项技术并没有引起广泛注意。可是，盛田昭夫领导下的日本索尼公司却看到了晶体管的辉煌前景。此时的索尼公司还名不见经传，它太小了，只是一个做电饭锅的小公司。盛田昭夫认为，电子管和晶体管都是电子设备的基础元配件，晶体管的诞生，意味着一个电子应用全新领域的全面来临，从这个层面上讲，晶体管具有非常重要的战略价值。如果索尼能顺应形势，将快速成长为一家大公司。

于是，当时的索尼公司仅仅以 2.5 万美元"令人可笑"的价格，就从贝尔实验室购得了技术转让权。两年后，索尼公司率先推出了首批便携式半导体收音机，与市场上同功能的电子管收音机相比，重量不到 1/5，成本不到 1/3。三年后，索尼占领了美国低档收音机市场，五年后，索尼占领了全世界的收音机市场。

如此成功的决策，就在于盛田昭夫获得了两大利于决策的关键信息：一是消费者具有希望电子产品越来越轻、越来越省电的消费期望，如果能够推出质量轻、待电时间长的收音机，一定会大受欢迎；二是晶体管的研制成功，使消费者期望具有满足的可能。

对管理者而言，正式的决策一般都有严格的论证程序，而且正式的决策大部分都属于战略性的决策，需要更加充分的信息和更科学的程序。但管理者遇到的很多问题是瞬间发生的，管理者在做决策时，通常脑子里没有严格的逻辑思考和推理，这个时候更多地需要依靠信息加直觉来判断。直觉决策有 3 种表现形式。

（1）便利直觉，使用容易得到的信息做出决策。信息是决策的前提，管理者能否便利地获得需要的信息对决策有很大影响，这包括近期的信息、眼前的信息、下属提供的信息等。尽管这些信息未必真实反映了事物的本质，但是这些信息最可能被用来做决策。例如，在对下属进行评价时，管理者往往依据的是下属近期的表现。下属早期的表现如果没有出现太大问题，只要近期表现良好，管理者的评价一般也是良好。

（2）表象直觉，将某些事物发生的可能性与熟悉的事物相对照做出决策。也许某个事件的发生是偶然的，但人们的天性决定了我们很多时候把偶然的事情找到相应的参照物，从而做出相应的判断。

（3）认同强化，增加对原有决策的投入，从而强化原有的认同，尽管原有决策已存在负面信息。例如，现实中存在大量对失败的决策继续执行以致最终酿成危机的例子。

有人直觉灵敏准确，直觉决策成功率很高；而有的人反应迟钝，直觉决策则屡屡失败。如同样是股票投资人，有的人凭直觉，屡屡得手，多有斩获；而有的人屡败屡战，损失惨重。这里面当然有运气的成分，但直觉决策能力的高低恐怕也是重要因素。

提高管理者直觉决策的能力，可以从以下几个方面入手：

（1）注意发挥自己的直觉。在每次决策之前，都要明了自己的真实感受，明了自己的直觉指向。面对决策问题，面对备选方案，要验证自己的直觉。当自己的直觉和多数人的意见吻合时再做出决策，其成功的概率就比较大了。

（2）注意验证自己的直觉。面对一个新情况时所产生的第一印象，往往是一个人的准确直觉。因此要处处注意第一印象。随着决策的深入，各种意见和方案可能会纷至沓来，面对众多可供选择的方案，一定要将自己当初的直觉作为重要的备选方案，给予足够的重视。而随着方案的实施，要验证自己当初直觉的准确性，不断提高自身直觉决策的成功率。

（3）将直觉决策和科学决策结合起来。直觉决策并非完全依赖个人灵感这种"非科学"信息，而包含着决策人自身的经验、知识和分析能力等"科学"信息。面对复杂问题，直觉决策应该和科学决策结合起来，以"灵光一闪"的直觉为启发，依靠科学规范的决策程序，最终做出满意的决策。

直觉有时是准确的，但直觉有时也会出现问题。如果决策者缺乏冷静的思考以偏概全，否认信息的价值和有效性，不遵循科学规律，单纯依赖自身的直觉，必然使得决策风险增大，失败也就在所难免。

兼听则明，引导员工积极参与决策

> 一个有活力与创造力的组织，一定会鼓励一线员工坚持自己的观点并敢于直接表达——即便这样可能有悖于某些上级或权威的观点。只有这样才能让每个人的专业性与责任感真正发挥出来，避免企业犯经验主义的错误。
>
> ——李彦宏

通常情况下，管理者的决策过程往往是几个人参与的，员工在某项决策出台之前是毫不知情的。这样，就导致有些员工不理解决策的含义，由此造成很多员工不知道自己该做些什么，更谈不上是不是努力地去做了。北大管理理念鼓励管理者积极引导员工参与决策，为企业决策出谋划策。

古人云："兼听则明，偏听则暗。"管理者要主动听取下属的意见，这样才能全面客观地了解事物，做出正确的决策。

战国时期，秦王嬴政执掌大权后，下了一道逐客令：凡是从其他国家来秦国的人都不准居住在咸阳，在秦国做官任职的别国人，一律就地免职，3天之内离境。李斯是当时朝中的客卿，来自楚国，也在被逐之列。他认为秦始皇此举实在不可取，因此上书进言，详陈利弊。

他说，从前秦穆公实行开明政策，广纳天下贤才，从西边戎族请来了由余，从东边宛地请来了百里奚，让他们为秦的大业出谋划策；而当时秦国的重臣蹇叔来自宋国，配豹和公孙枝则来自晋国。这些人都来自于异地，都为秦国的强大做出了巨大贡献，收复了20多个小国，而秦穆公并未因他们是异地人而拒之门外。

李斯认为，秦始皇的逐客令实在是不可取的，把各方贤能的人都赶出秦国就是为自己的敌国推荐人才，帮助他们扩张实力，而自己的实力却被削弱，这样不仅统一中国无望，就连保住秦国不亡也是一件难事。李斯之言使得秦始皇如醍醐灌顶，恍然大悟，急忙下令收回逐客令。正因为秦始皇听取了李斯的建议，不仅留住了原有的人才，而且吸引了其他国家的人才来投奔秦国。秦国的实力逐渐增强，10年之后，秦始皇终于完成统一大业。

对管理者而言，决策建立在丰富的信息基础上，需要对企业经营中的不同情况进行有效判断，但是任何决策者都不可能掌握全部的信息和资源，所以决策者必须重视别人的意见，尤其是员工的意见。

从管理角度来说，决策者要全面听取各方意见，尤其是听取下属的反面意见，可以团结有不同意见的下属，也能赢得下属的尊重和信任，提高组织的凝聚力。

尽管某些意见不能被采纳，但至少可以作为决策的参考，即使是那些反对的意见，也可以提醒决策者需要规避决策中的风险。

20世纪80年代初，巴西有个小伙子里卡多·塞姆勒，大学毕业后就进入父亲的机械公司工作。

老塞姆勒希望儿子能接手自己的生意，可是企业每年的销售额却始终停留在几百万美元。塞姆勒上班后，他发现从中国和英国进口的茶叶开始在巴西流行，老塞姆勒觉得既然茶叶流行起来了，制茶机肯定会有市场，于是决定大批量生产制茶机。可是塞姆勒却说："父亲，我们能不能先征求一下员工的意见再生产？"

老塞姆勒不屑地说："员工们难道比我更会做生意吗？做生意就是讲究一个快字，哪有时间和他们商量，谁能抢得先机，谁就是胜利者！"这项决策最终由老塞姆勒拍板。

企业的制茶机生产线全面铺开，然而让老塞姆勒没有想到的是，半年过去了，这些机器却还压在仓库里。他们的投资遭遇了失败。

一天，塞姆勒在车间巡视时，听到两个员工的谈话。一个说："我们根本就不适合生产制茶机！"另一个说："气候条件注定巴西只适合种植咖啡和大豆，茶叶虽然在巴西流行起来了，但巴西本国却无法种植出优质的茶叶来，没人种植，当然就不会有人购买制茶机了！"

塞姆勒无意间听到的这个谈话，却给了他以启发。他认为，"智者千虑，必有一失"。所以，一家公司真正的CEO应该是每一位员工，只有尊重每一位员工的意见，才能做出更加明智的决策！

后来，父亲老塞姆勒把公司交给了只有23岁的塞姆勒。塞姆勒接管公司后，首先在办公室门口挂了一只意见箱，员工对公司有何建议，都可以放进意见箱。每一次做决策，塞姆勒都要开会讨论，而且还要把结果公布出来，让所有员工都参与，只有大家同意之后才会实施。

因为员工们能参与决策，使得员工们的工作积极性不断提高，不到5年的时间，公司的销售额已增长到1.6亿美元，成为巴西增长速度最快的公司之一！

这家公司就是巴西最大的货船及食品加工设备制造商"塞

氏公司"。目前，里卡多·塞姆勒让员工参与决策的管理经验，已经被全球76家商学院作为教学课程进行推广和传授。

很多优秀的企业都积极鼓励员工参与企业的决策，因为一方面这能集中员工的智慧，另一方面也能激发员工参与企业管理的热情。

决策者要重视别人的意见，积极引导员工参与决策，使管理者处于决策的主动地位，以提高决策的效果。

当断不断，反受其乱：果断决策的重要性

经常会有人站出来反对我，因为在公司已经有一种根深蒂固的思想：我说的不一定是对的。于是有人敢于并且愿意表达自己的观点。我认为我的面子并不重要，在百度，你想说什么就说什么。当然，遇到意见不一致时我来拍板决定。

——李彦宏

"机会可遇而不可求"，这是任何人都明白的道理，但是身为管理者，是否也有这样的经历：面对机会总是犹豫不决，想着多考虑、多分析，为了下一个准确的判断，你迟迟下不了决定。好不容易做了决定之后，又时常更改……到最后，可能决定有了，可是执行的时机已过，浪费了很多宝贵的资源和精力。

有一只著名的驴子，它非常饿，到处找吃的，终于看到了在它前面的两堆草。它迅速地跑过去，却为难了，因为两堆草同样鲜嫩，它不知道应该先吃哪一堆。它犹豫不决，在两堆草之间徘徊，一直在思考先吃哪一堆。因为不知道如何选择，最终这头驴子在两堆草前饿死了。

寓言故事用夸张的笔法生动再现了生活中的现象：身为管理者在面临决策时总是犹豫不决，在不断的犹豫中流失了宝贵

的时间和生命。

兄弟二人前去打猎，在路上遇到了一只离群的大雁，于是两人同时拉弓搭箭，准备射雁。这时哥哥突然说道："把雁射下来后煮着吃。"弟弟表示反对，争辩说："家鹅煮着吃好，雁还是烤着吃好。"两个人争来争去，一直没有达成一致的意见。来了一个打柴的农夫，听完他们的争论后笑着说："这个很好办，一半拿来蒸，一半拿来煮，就行了"。兄弟俩停止了争吵，再次拉弓搭箭，可是大雁早已经没影儿了。

兄弟二人在他们看到大雁时，如果及时射箭会得到雁，在他们争论结束之后，雁已经飞走了。

犹豫不决的人总是先想到失败的结果，他们不敢做决定，他们无法确定事情的结果，或好，或坏，或者有什么意外，他们害怕承担因此产生的责任，他们害怕明天就会为今天的决定而后悔，因为明天可能会发生更美好的事情。

《孙子兵法》中说道："兵贵胜，不贵久。""其用战也胜，久则钝兵挫锐。"意思是用兵打仗，贵在快速反应，而不宜旷日持久，旷日持久会使军队疲惫，锐气受挫。经营者如果能敏感地发现市场的潜在需求并果断决策，调整产品定位，就会更容易迎合市场需求，享受到市场带来的成果。

在这个快鱼吃慢鱼的经济时代中，经营者想得早一点儿，动得早一点儿，就可能率先抢占巨大的市场份额。

2001年2月，海尔举行全球经理人年会上，海尔美国贸易公司的总裁迈克提出建议，说尽管在美国冷柜的销量非常好，但有一个用户难题是传统的冷柜比较深，拿东西尤其是翻找下面的东西，非常不方便。他说能不能发明这样一个产品，从上面可以掀盖，下面能够有抽屉分隔，让用户不必探身取物。这时候，就在会议还在进行时，海尔集团的设计人员和制作人员便立即行动起来联手设计出新的产品，第一代样机就这样诞生了。

连迈克都感到震惊，他曾回忆起当时的情景："他们拍拍我的肩膀说给我个惊喜。他们把我带到一个小房间里。我看到一些盒子上蒙着帆布。他们让我闭上眼睛，他们掀开帆布。我睁眼一看，17个小时之前我的一个念头，已经变成一个产品，展现在我的眼前了。我简直难以相信，这是我所见过的最神速的反应。"在第二天，海尔全球经理人年会闭幕晚宴在青岛海尔国际培训中心举行。一件披着红色绸布的冷柜摆在了宴会厅中。在各国经理人疑惑的目光里，主持人揭开了绸布，当场宣布：这就是迈克要求的新式冷柜，它已被命名为"迈克冷柜"。而当天，这款迈克冷柜就被各国经销商订购。而正是这种对于市场需求的迅速反应为海尔集团赢得了经销商们的赞许，并最终占领了美国市场接近40％的份额。

管理者在变幻莫测的市场环境中，必须要做出自己敏锐的判断。

商业竞争已经跨过了"大鱼吃小鱼"的阶段，现在已经是"快鱼吃慢鱼"的时代了。而对于一个企业的经营者来说，对市场的迅速反应与果断决策是建立在一套完整的机制之上的。

管理者须抓住市场的动向，能够快速甄别出各种繁杂的信息，找出真正能够影响企业策略的，并能够立即行动起来。而一个经营者的市场快速反应能力其实是综合实力的一种体现，建立在一定的组织基础之上，又要求企业的产品研发、采购、生产、销售、信息处理各个部门合力配合。

因此，企业面对瞬息万变的市场，机会总是稍纵即逝，必须快节奏、快速度地抢占市场"空白点"，企业决策者应以敏锐的观察能力和判断能力审视整个市场，果断决策对企业经营者来说尤其重要。

任何时候，都不要让投资人替你决策

> 创业团队都要把握决策权，只有这样，才能从长远的角度上把握住企业的命脉。
>
> ——北大管理理念

面对笑脸相迎带来真金白银的投资人，北大人的管理实践告诉我们，企业的管理者千万不能乱了方寸，不能以出让决策权作为代价。

企业的创业者们需要特别注意的一点，就是不要让投资人替自己决策，应当始终把握住公司的命脉。创业者不能让任何人替自己决策，因为，创业者始终要对公司负责任，无论这个公司是好是坏，是顺还是不顺，是继续坚持还是转型，都得扛着这个担子，并且这个担子是别人扛不起也无须来扛的。

其次，管理者自己才是最了解公司的，只有自己决策，才能最大限度地让公司按照计划的方向发展。管理者必须自己做决策，绝对不能让投资商替自己决策。

在企业发展过程中，资本进入的情况已经很常见，而决策权也往往容易落到投资人手上。京东商城 CEO 刘强东曾在微博当中谈道："投资人和创业者永远是平等的伙伴关系，你小的时候不代表弱势；你长大的时候也不代表就可以凌驾于投资人之上！"而创业者和投资人之间关系的重中之重就是决策经营权。

因为资本的介入，不少企业的控制决策权从创业者转移到投资商手中，进而为企业的管理造成很大阻碍。

众所周知的招聘网站——智联招聘，就是其中一个典型的案例。企业在发展的过程中进行过多轮的融资，随着资本的不断流入，投资商分得的权利也越来越大。与此同时，智联招聘的创始人团队很早就淡出，在融资之后，企业的管理团队最后只剩下不到 15％的股权，而企业管理团队丧失股权的直接下场，实质上就是沦为没有企业运营权的职业经理人，整体而言，企业在外资企业控股的情况下出现了管理上的混乱。

而智联招聘的情况也并非少数现象。根据美国的一项调查显示，创业企业成立后的前 20 个月中，由创业者之外的人担任公司总裁的比例为 10％；到了 40 个月，这个比例上升为 40％；到了 80 个月，80％的企业 CEO 已不是当初的创业者。

决策权的丧失正是源于"主导方总是出钱多的那位"。正如一位不愿透露姓名的创业型公司高管抱怨的那样："分歧每天都在发生，而投资方总是'老板'。"虽然从理论上来说，无论是出于企业投资方利益，还是企业管理层的利益，双方都会有一个共同的目标，即努力实现企业盈利的最大化，投资人与企业应当是"情投意合"的。

而事实上来讲，对于国内的一些企业而言，企业所有者，即出资人，往往会表现得"财大气粗""说话有分量"。这样就会让企业走入决策权落于投资人的管理困境，即在双方产生矛盾的时候，虽然名义上会进行协商与表决，但主导方毫无疑问是"出钱多的那个"，实际上是投资人替企业进行决策。

一旦企业的管理团队出让决策权，企业决策的话语权丧失后，在企业运营的过程中很容易与投资人产生矛盾。对于企业管理者而言，任何时候，都不要让别人替你决策，只有牢牢把握住决策权，才能把握住企业的命运。

第三章　用人管理课：
每个人都拥有智慧，关键是怎样激发和运用

没有最好的人才，只有最适合的人才

> 他们有时候也会感觉我在和稀泥，明明觉得那个人不行，却还在那个位置上待着。实际上，我觉得我还没有给他找到更适合他的位置。
>
> ——俞敏洪

老子的《道德经》有云："水不凝不滞，能静能动，能急能缓，能柔能刚，能显能潜。"管理者应效法水德，通达调变，因人制宜，知人善任，充分发挥每个人的潜力。老子在用人上还有一个比较经典的观点是"常善救人，故无弃人"，意思就是看人既看短处，更要看到长处，要扬长避短，充分发挥其优势，做到人尽其才，这才是用人上的"大仁""大爱"。世上没有无用之才，只有因所处的位置不合适而被埋没的人才。

没有最好的人才，只有最合适的人才。精明的企业管理者对待人才要做的就是将合适的人才放在合适的位置，达到人事相宜。

很多管理者认同"没有平庸的人，只有平庸的管理"。传统的管理把人看成一个模子，仅仅依照工作的制度安排人的位置，结果许多讷于言辞的员工被安排去外联，许多善于表达的员工被安排做机械性工作……作为一名优秀的管理者应该知人善任，

让自己的下属去做他们适合的事情，这样才能实现用人之长。

有的员工谨慎小心，有的员工讲究速度，有的员工非常善于处理人际关系，有的爱表现，有的好宁静……总之，员工的类型有很多，管理者需要做到的就是人尽其才，人尽其用。作为管理者，要懂得把适合的人才安排在适合的岗位上，做到资源的优化配置。

企业唯有通过不同岗位人才的配合，才能最终实现企业的良好发展。但如果优秀的人才没有用好，企业的运营也会出问题。

为扩大规模，某企业高薪招聘了20多位出色的人才。优越的工作环境、高薪的挑战等都让这些人跃跃欲试。然而，不到半年的时间里，看似强大的团队却问题连连，团队的工作效率较之规模扩大前明显降低……

这样的情况在不少企业都能见到。人才具有相应的能力，但并不表示管理者就能充分用好这个人才。作为管理者，要能够认清不同下属之间的差异，找到他们之间不同的特点与优势，这样才能在安排任务时做到合理，让他们在最适合的位置做最适合的事。

一个人只有处在最能发挥其才能的岗位上，才有可能干得好，把自己的能力全部发挥出来，为企业做出最大的贡献。关于这个道理，庄子讲得很明白：

庄子认为，弯曲的大树，虽然也很高大，但却疙里疙瘩，不符合绳墨取直的要求，它的树枝弯弯扭扭，不适应圆规和角尺取材的需要。因此，它虽然生长在道路旁，可木匠连看也不看。难道这样的树，真的大而无用吗？庄子的回答是否定的。他说，如今你有这么大一棵树，却担忧它没有什么用处，怎么不把它栽种在什么也没有生长的地方，栽种在无边无际的旷野里，悠然自得地徘徊于树旁，悠游自在地躺卧于树下……

　　由此可见，树的疙疙瘩瘩并不是无用的原因，只是安排的位置不适合。一棵树不符合绳墨取直的要求，不能做梁、做椽，却可以供人欣赏乘凉等。一个企业，将人才安排到恰当的岗位，不但有利于稳定人员结构，更能够挖掘人才的潜能。

　　在这个世界上，每个人的能力和每个地方的需要都是不同的。不同的工作需要不同能力的人，而不同的工作环境也可以培养不同能力的人。

　　作为管理者，一旦对员工的才能、兴趣了然于胸，下一步要做的是针对某项特定的工作选择适合的人来做，或者为特定的员工安排适当的工作，做到"人得其位，位得其人"，追求人与事的适应。

　　福布斯集团的老板马孔·福布斯是一个十分善于用人的管理者。在福布斯集团工作，只要有才干，就能够被安排在合适的岗位上，让其大显身手。福布斯集团也正是因为用人有方而发展壮大的，有许多事例都说明了这一点。

　　大卫·梅克是一个才华出众的人，但他的管理风格让很多人无法接受。他对人冷漠，从来不留情面，而且非常严厉。比如，在下属们忙着组稿时，他总会传话说："在这期杂志出版之前，你们中有一个人将被解雇。"听到这话，大家都很紧张。

　　有一次，有一个员工实在紧张得受不了，就去问大卫·梅克："大卫，你要解雇的人是不是我？"没想到大卫·梅克竟说："我本来还没有考虑谁将被解雇，既然你找上门来，那就是你了。"就这样，那名员工被解雇了。

　　然而，马孔·福布斯恰好看重大卫·梅克的才华和严厉，他将大卫·梅克放在总编辑的位置上。大卫·梅克在任总编辑期间，最大的贡献是树立了《福布斯》"报道真实"的美誉。而在那之前，《福布斯》曾多次被指责报道不真实。

　　为了保证报道的真实性，大卫·梅克专门让一批助理去核实材料。这些助理必须找出报道中的问题，否则就将被解雇，而且真的有三名助理因为没有找到记者报道中的问题而被他解雇。《福布斯》在 20 世纪 60 年代，就能够与《商业周刊》《财富》齐名，报道真实正是其最大的竞争优势。

适合的人才，用在适合的岗位上，能够实现所在岗位利益最大化。根据下属的不同类型，可以安排不同的工作内容，以达到人尽其才、物尽其用。一般而言，下属主要分为以下 4 种类型：

1. 能力超群的人

这类员工经验丰富，能力卓越，管理者可以尽管放手让他们完成工作。同时，因为这种人具有很强的能力，他们往往自视甚高，甚至自负。管理者应给予他们充分发挥的余地和空间，让他们感到被重视，能够实现自我价值。

管理者要求这类下属从事的工作任务应该是与他们的才能相适的，要具有挑战性，有较大的决策权和相应的责任。例如组织一次展销会，拟订一个大型的公关宣传活动计划等，这些任务对上将型下属有较大吸引力。

对这类下属，要给予他们充分的信任，切忌干涉他们的工作。

2. 能力较强的人

这类员工是指有一定经验，能力较强，有一定的决策力，但需要不时地支持和鼓励的下属。

管理者启用这类员工，需不时检查他们的工作进度，但顾及他们较强的敏感心理，检查应不露痕迹地进行。可以给他们具有一定的挑战性，需要一定的经验方能出色完成的工作。这类工作对热衷于承担更大责任的下属来说，是再适合不过的了。

3. 有积极性的人

这类下属缺乏经验，需要向有经验的前辈学习该怎么做，他们常常是刚入公司的年轻人，他们在公司中是不可缺少的一部分。管理者切不可忽视这批人的存在，因为他们中间必将出现一批优秀人才，支撑起公司的明天。管理者要做的正是发掘这批人，给他们机会，锻炼和选拔他们。

4. 有一技之长的人

这类下属让管理者有点儿头疼，因为他们的工作能力算不上优秀，但是在工作能力之外却往往有一技之长。其实，这样的员工对于企业也是财富。高明的管理者能通过有效的管理让这类下属充分展现自己的特殊才能。正如孟尝君收留鸡鸣狗盗之徒，颇得企业管理的精髓。

用人无须求全责备，永远找不到没有缺点的人

每个人必然是不完美的，但每个人都有自己的优点，关键在于管理者如何运用。

——北大管理理念

北大管理课认为，"金无足赤，人无完人"，世界上没有十全十美的人。作为管理者，用人切忌求全责备，管理者用人应该看其主流，不能因有点儿短处而不见其长处。

当管理者面对满公司的人，如果发出"怎么这些人尽是缺点"这样的感叹，那证明这个管理者的管理效果是失败的。因为他仅仅看到了人的缺点，殊不知世界上任何人都是有缺点的。

管理者如果在处世、用人方面过于求全责备，就会显得不通情理。一个令下属乐意追随的领导往往都有容人之量，俗话说："宰相肚里能行船。"如果秋毫毕见，就让人觉得难以相处，愿意跟随、共事的人会越来越少，最终难成大事。

古今中外，大凡有见识、有能力，成就一番事业的人，往往有着与众不同的个性和特点。他们不仅优点突出，而且缺点也明显。

美国南北战争之始，林肯总统以为凭借北方在人力、物力、

财力上的绝对优势，加之战争的正义性，短期内即可扑灭南方奴隶主军队的叛乱。于是，林肯总统按照先后任命了三四位德高望重的谦谦君子做北军的高级将领，但事与愿违，这些将领在战争中却很平庸，很快便被李将军统率的南方奴隶主军队一一击溃。

预想不到的败局，引起林肯总统的深思。他认真分析了对方的将领，从贾克森起，几乎没有一个不是有大小缺点的人，但他们却具有善于带兵、用兵，勇敢机智、剽悍凶猛等长处，而这些长处正是战争需要的素质。反观自己的将领，忠厚、谦和、处世谨慎，这些作为做人的品格是不错的，但在充满血腥的严酷战争中，却不足取。从这种分析出发，林肯力排众议，毅然起用格兰特将军为总司令。

命令下达之后，众皆哗然，人们都说格兰特好酒贪杯，难当此大任。对此，林肯笑道："如果我知道他喜欢喝什么酒，我倒应该送他几桶，让大家共享。"林肯知道北军将领只有格兰特是能运筹帷幄的帅才，要用他的长处，就要容忍他的缺点，这是严酷的战争，不是教堂里的说教。因而当有人激烈反对时，林肯却坚定地说："我只要格兰特。"后来的事实证明，对格兰特的任命，成为美国南北战争的转折点，在格兰特的统帅下，北方军队节节取胜，终于扑灭了南方奴隶主集团的武装叛乱。

对林肯总统用人原则的前后变化，美国著名的管理学家杜拉克在《有效的管理者》中有一段精彩的评述，他说："倘要所用的人没有短处，其结果至多只是一个平平凡凡的组织者。所谓'样样皆是'，必然一无是处。才干越高的人，其缺点往往越明显。有高峰始有低谷，谁也不可能是十项全能。""一位领导者仅能见人短处而不能用人之所长，从而刻意挑其短而非着眼于展其长，则这样的领导者本身就是一位弱者。"

综观我国历史上那些深得人心的领导者，哪个不是深抱宽容之心，广有纳天下之度？曹操用人不拘品行，唐太宗用人只注意大节，他们都把用人的这一原则发挥得淋漓尽致。因此，领导者要想赢得下属的追随和效忠，就应当有容人之量，正视下属的缺点，不要用"完美"的观点要求所有人。这样有助于相互取长补短，更好地发挥下属的长处。

在企业中，一个工程师在开发新产品上也许会卓有成就，但他并不一定适合当一名推销员；反之，一个成功的推销员在产品促销上可能会很有一套，但他对于如何开发新产品却一筹莫展。科学地对待每个人的短处和长处，并且让他们能为己所用，这才是优秀管理者应该做的事。

一位管理者若只见人短处，而不能用人之所长，刻意挑其短而非着眼于展其长，这样的管理者本身就是一位弱者。唐代大文学家韩愈也说过，古代的资能之人，要求自己严格而全面，对待别人则宽容而简约。对己严格而全面，所以才不怠懈懒散；对别人宽容而简约，所以别人乐于为善，乐于进取……现在的人却不这样，他对待别人总是说，某人虽有某方面的能力，但为人不足称道；某人虽长于干什么事，但也没有什么价值。抓住人家的一个缺点，就不管他有几个优点；追究他的过去，不考虑他的现在。提心吊胆，生怕别人得到了好名声，这岂不是对人太苛刻了吗？

管理者一定要树立这样的观念，你需要的不是没有缺点的人，而是具有优点的人，如果善加利用，你会发现每个人都是人才。

其实，每个人都有不足之处，但是每个人也都有自己的优点。管理者在用人时必须坚持扬长避短的原则。用人，贵在善于发展、发挥人才之长，在人才选拔上切不可斤斤计较人才的短处，而忽视去挖掘其长处。

用人之长，避人之短：知人善任的领导是最聪明的

> 其实刘邦并不怎么会打仗，通过人才的使用和配备，具有融合人才的领导才能。身边的几个朋友有这样的特质，他们不一定懂行、不一定很能干，但却能通过科学配置发挥手下人才的最大优势。
>
> ——俞敏洪

一位优秀的企业领导，假如把每个下属所擅长的方面有机地组织起来，就会给企业的发展带来整体效应。因此，高明的领导者应趋利避害，用人之长，避人之短。如此一来，则人人可用，企业兴旺，无往而不利。

三国时的魏国成为最强盛的国家，曹操知人善任，使得当时曹操身边的人才会聚，奠定了魏国的基础。

公元215年7月，曹操西征张鲁，东吴孙权见有机可乘，便率军攻打合肥。当时镇守合肥的是张辽、李典、乐进等三员大将。这三个人无论是在资历、能力、地位、职务都是旗鼓相当，不相上下。

也正因为如此，三个人互不服气，谁也不愿意成为被统帅的人。面对孙权的大军，三人在是战是守，以及谁为主将，谁为副将的问题上一直不能取得一致意见。曹操经过深思熟虑，依据三人的特点，做了如下安排："若孙权至者，张、李将军出战，乐将军守城。"一开始，三人对于曹操的安排都有意见，但最后迫于曹操的军令，不得不以大局为重，各负其责，协调一致，最终大败孙权。

正所谓"知人者智"，曹操能让三人扬长避短互相配合，可见曹操善于用人之一斑。他最终能够雄霸天下，和他对人才的运用也是分不开的。

在常人眼中，短就是短，而在有见识的管理者看来，短也是长。即所谓："尺有所短，寸有所长。"在成功的管理者眼里，人才通常都会具有很多特点，要用人之长、避人之短，关键在于你如何去运用它。

美克德公司是一家经营唱片和音响的日本企业，在"二战"前名声显赫。由于战争影响，这家拥有一流人才的公司，却迟迟不能开展重建工作。最后，由松下电器公司接管。为了使它从战败的挫折中复兴起来，松下幸之助非常慎重地思考经理的人选。最后，他决定把这个重担托付给野村吉三郎。

野村在"二战"期间曾担任过海军上将，退役后转任外务大臣。虽然他在企业经营方面没有经验，但他的长处就是善于用人。这个人事决策使许多人大感意外，他们认为野村对企业的经营完全是外行，对唱片、音响更是一窍不通，让一个门外汉主持美克德的工作，简直是无稽之谈。但松下看好野村会用人的优点，坚持自己的看法。事实上，野村主持美克德业务时，的确对这个行业非常不熟悉。

有一天，在干部会议上，有人提议要和美空云雀签约出唱片，野村先生却问："美空云雀是谁？"美空云雀是日本排行第一的红歌星，拥有众多的歌迷，可以说是当时家喻户晓的人物，像这样有名的艺人，身为唱片音响连锁企业经理的野村居然不知道，这让很多人觉得不可思议，也成了外界讥讽他的口实，甚至有人说："一个唱片公司的经理居然不认识美空云雀——那他一生中能认识几个人呢？"

然而，一个人优秀与否，既要靠才能也要靠合理的运用。野村对唱片业不太了解，却非常善于用人，所以松下让他去做唱片店的经理而不是去推销唱片的人，这正是松下用人的高明之处。事实也证明他的这个用人策略是完全正确的，正是这位不认识美空云雀的经理，使美克德迅速地从战争的废墟中建立起来。

松下这种用人之长、避人之短的人事决策，充分体现了其独具慧眼的识人之术。知人善任是企业管理的核心，是企业管理者的重要工作和共同责任。

管理者要注重发挥人才的长处和优势，合理地使用、培育人才和留住人才，形成有利于人才发展的环境和文化。

但需要提醒管理者注意的是，你所需要的不一定是最优秀的人，但一定是最适合这个岗位的。人才的使用要根据岗位而来，因为，只有最合适的才是最好的。

唯才是举，避免任人唯亲

避免任人唯亲，努力做到唯才是举、知人善任，使各类人才各得其所，各展所长。

——俞敏洪

北大管理课强调，任人唯贤是用人的根本。无数事实表明，任人唯亲、拉帮结伙、互相串通、以权谋私，是事业失败的重要原因。

管理者在选拔、任用下属时，以才能作为第一考量标准，当用人唯亲让位于任人唯贤时，一定会让自己的企业生机勃勃。作为管理者，如果在选人、用人时只是看对方与自己的亲疏关系，这必然会让其他人感到不满，对团队、对企业而言都是百害而无一利。

任人唯贤说起来容易，但做起来难。还是有不少人任人唯亲，就是不考虑才能如何，仅仅选取那些与自己感情好、关系密切的人。其表现形式有。

（1）"以我画线"：谁赞同我、拥护我、吹捧我，就提拔谁；

（2）"唯派是亲"：企业内与自己相亲近的人，不管是否有德有才，都优先加以考虑；

（3）"关系至上"：今天你提拔我，明天我提拔你，不以真才实学为基础，而是以关系为基础。

杜绝唯亲是用的道路显得尤其漫长。作为企业的管理者，必须以身作则，人事任用时决不可以徇私。不可以依据个人好恶决定任用与否，而要以"能否胜任"为准则。这是一个基本条件。不能说"这个人能干是能干，却令人讨厌"，或者"他虽然没什么本事，却是我欣赏的类型，就让他来干吧"。管理者唯有坚持不徇私的态度，才能获得其他员工的接受、协助。

很多管理者对唯才是举也有着自己的看法，新希望集团的董事长刘永好却认为："企业是我刘家的，但我们的事业却是全社会的。因此，在我的公司里不用亲人用外人，我给每一个外来员工以生存和发展的空间，让他们能捕捉到希望。"

管理者必须有得力的人才辅佐。要得到人心，就必须有广阔胸怀，承认他人的长处，得到他人的帮助。李嘉诚善于用人，唯才是举，让他们成为自己的亲信或挚友。

20世纪80年代中期，李嘉诚的长实（长江实业）集团的管理层基本上实现了新老交替，各部门负责人大多是30～40岁的少壮派。其中最引人注目的要数霍建宁。此人擅长理财，负责长实全系的财务策划。他处世较为低调，认为自己不是冲锋陷阵的干将，而是专业管理人士。李嘉诚很赏识他的才学，长实全系的重大投资安排、股票发行、银行贷款、债券兑换等，都是由霍建宁亲自策划或参与决策。这些项目动辄涉及数十亿资金，亏与盈都取决于最终决策。从李嘉诚对他如此器重和信任来看，可知盈多亏少。霍建宁本人的收入也很可观，他的年薪和董事基金，再加上非经常性收入如优惠股等，年收入可能在1000万港元以上。1985年李嘉诚委任他为长实董事，两年后又提升他为董事副总经理。此时，霍建宁才35岁。

同样出色的还有一位女将洪小莲。她全面负责楼宇销售时，还不到40岁。在长实上市之初，洪小莲就作为李嘉诚的秘书随其左右，后来又出任长实董事。在地产界，在中环各公司，只要提起洪小莲，可谓无人不知无人不晓，她被业界称为"洪姑娘"。长江总部虽不到200人，却是个超级商业帝国。每年为它工作与服务的人，数以万计。资产市值在高峰期达2000多亿港元，业务往来跨越大半个地球。日常的大小事务，千头万绪，都要到洪小莲这里汇总。她的工作作风颇似李嘉诚，不但勤奋，还是个彻底的务实派。就连面试一名员工、会议所需的饮料、境外客户下榻的酒店房间等琐事，她都亲自过问。

李嘉诚不拘一格重用年轻人，让年轻人成了他的商业帝国的中流砥柱。有人说，他身边有300员虎将，其中100人是外国人，200人是年富力强的中国香港人。

李嘉诚唯才是举，同时也"举贤不避亲"，这种用人理念值得其他管理者们学习。

如何才能做到任人唯贤？作为管理者，关键在于无私，无私是选贤才的前提。对这点，中国古代的先哲孔子看得十分清楚。他说："君子对天下之人，应不分亲疏，无论厚薄，只亲近仁义之人。"这就是说，在人才问题上，应该不计较个人恩怨、得失，而只考虑国家的利益、民众的利益。其实质，就是在选才上无私，对能力强于自己、贤于自己的人，要加以举荐，或使他来代替自己，或使他居于自己之上。对企业管理者而言，在选才上无私，就是要抛弃个人成见，客观地对他人做出评价；即使对其并不喜欢，也决不以私害公、以私误公，而应毅然选拔。

但是，在进入21世纪的今天，仍有些人还在大量任用亲朋好友或其子女，封妻荫子。聪明的中国古代哲人说过："一人得道，鸡犬升天。"尽管一些企业的管理者也反对裙带关系，可是选拔人才时就不自觉地搞亲亲疏疏，其中原因是他们总凭个人的私欲、私情来举贤选才，这就偏离了公正客观的选才标准，长期发展下去，势必会出现小人得势、贤才失势的局面。

一个优秀的管理者，应该唯才是举，这样将会吸引更多的优秀人才，与你一道干大事、成大业。

凡是真正必不可少的人物，肯定不会让他走

人才是一种资源，这种资源能否长期为管理者所用，是一个很重要的、值得管理者深思的问题。

——俞敏洪

任何团队，都存在真正必不可少的人物，作为团队的顶梁柱型员工，是企业的核心人才，管理者必须尤其看重他们。

在产品、技术、渠道等要素趋于同质化的市场环境里，人才成为企业构造差异化竞争力的关键因素，而创造了企业 80％效益的核心人才，更是成为企业竞争力的灵魂。甚至可以说，企业之间的竞争，归根结底取决于企业是否拥有、用好和留住核心人才。因此，加强对核心人才的管理，提高核心人才的忠诚度，成为管理者的重要任务。

西门子全球人事副总裁高斯说："西门子企业能将几十万员工凝聚在一起，靠的是两大法宝：一是金钱，二是人力资源管理。"企业中真正必不可少的人物，他们为企业创造的效益远远高于普通员工，根据按劳分配原则，他们的所得也应远远高于社会平均薪酬。因此，核心人才的薪酬应随行就市，确保其薪酬与其创造的价值相应，甚至不能低于意欲挖角的竞争对手的出价。支付具有绝对竞争力的薪酬，是留住核心人才的第一招数。

除了以高薪来留住核心人才这个方法之外，对企业而言，为核心人才提供必要的培训也是必需的。对于核心人才来说，要维持、拓展自己的工作业绩，保持长久的竞争力，必须不间断地"充电"。给予核心人才持续不断的充电机会，可以培育他

们的忠诚度，同时也为核心人才跳槽设置了较高的机会成本，更为企业的可持续发展奠定基础。

给予核心人才一定的经费、人员、资源的支配权，让他们参与企业决策，为他们搭建一个宽广的平台，有助于提升他们的忠诚度和工作热情。

企业管理要提高亲和力，在布置任务时，切忌生硬地下命令。人力资源部做好协调沟通工作，建立良好的人际关系，通过谈心等方式将管理的触角延伸到员工的生活领域。避免核心人才之间的过度竞争。适度竞争很有必要，但要控制好竞争的度，防止核心人才间的内耗，出现"一山不容二虎"的局面，倡导核心人才之间的尊敬、团结与协作。

亲密无间的交流与沟通对于企业提高核心人才的忠诚度具有重要意义。沟通能对核心人才起到激励作用，管理层通过对核心人才的工作及时做出反馈，可以引导其积极行为，起到强化激励的作用。通过交流与沟通向员工传递企业的远大战略和宏伟目标，有利于增强核心人才的主人翁意识，促使核心人才畅所欲言，提出工作意见，并努力工作，不断创造新的业绩，促进企业的改革与发展。

留住最优秀的人才，防止人员"跳槽"，这是当今每一位管理者都面临的头痛问题。你应该未雨绸缪，早做防范，绝不可轻易让优秀人才从自己手中溜走。

1. 量才而用留人才

如果优秀人才不辞而别另择高就，公司上下事先却无人觉察或知道并没人报告，实际上这是公司经营管理不善的反应。对此应早有发现，并尽量使其回心转意。

一个员工工作量的多少并不能说明他对公司的满意程度如何。经常有人仅靠自己的能力和遵守公司的管理制度就能圆满或超额完成自己的定额，但内心里他并不真正喜爱这份工作。一位负责销售工作的部门主管，工作成绩在公司连年都超定额，收汇、利润都很可观，是公司的骨干。但他却对制作电视广告情有独钟，希望有朝一日成为电视制作部门的主管。从公司角度出发，他留在销售部门是最理想不过，但他却一心想去电视部门。此时如果有合适的广播电视公司，他一定会义无反顾地离开销售工作去做电视制作人。

这种情况下，可以让他同时兼做两项工作，如果他确实才华横溢，兼做两项工作都很出色，不仅满足他对兴趣的追求，又为公司留住了人才，不会因人才流走而担心销售额下降了。

2. 宽以容才

有些人走的原因很简单："与领导不合！"与领导不合的原因是很多的。人们常常认为，责任在领导，如果他能在发生冲突时，显出自己的宽宏大量，不去斤斤计较下属，那么许多问题是可以解决的。

一名管理者对其下属应宽容体谅，而员工则应随时把自己情绪上的波动、工作中的合理要求及时告诉他。当领导的不可能真正了解员工的内心世界时，经常地进行沟通、思想交流是保持上传下达、减少隔阂的有效办法。

3. 谨慎破格升职

破格升职，在为公司招揽人才的同时，往往也带来一些不必要的麻烦。

当你的公司招聘到一位能力强、有开拓创新精神的年轻人，并且舆论公认此人日后必然会成某经理的接班人时，你必须认真思考：给他什么样的职位，如何提拔他更好？

如果在他的任用问题上稍有疏忽，处置不当，将会给公司带来不必要的麻烦。要么这位能者会因位置不好而另谋高就；或者会使那些资历比他高、工作时间比他长、职位较低甚至较高的人为此而抱怨公司一碗水未端平，厚此薄彼。用人的事，不是小事，不可轻视。

4. 注重早期培养

假如一位胸怀抱负的能人在公司里仍做低级员工的工作，其才干并没有得到充分肯定，此时此刻他要求离职另求发展是很正常的。

刚刚离开学校到公司工作的大学生、研究生，若不对他们加强管理、注重早期培养、压担子的话，在两三年内他们最容易"跳槽"。他们年轻有为，前程远大，正是公司的希望所在，并且已熟悉了公司业务，如果让他们流失，公司将再去培养新手。对这些，不少公司并没有引起高度重视。

对此，应把新来的员工看作是公司的一笔长期投资，精心地培养他们。安排公司有能力的主管或员工指导他们，让他们承担一些力所能及或是超过其能力的工作。这一切就如一个长期项目，并不期待马上得到回报或收回投资。只要他们在公司工作的时间愈长，公司得到的回报将愈大。

5. 适时加薪

波音公司的专家们对 450 多名跳槽者的调查表明，其中有40 名为增加工资与管理者进行了谈判，27 名因被加薪而留下来继续为公司效力。

实践表明，适时加薪，能使大多数员工看到前途与希望。从另一角度说，一些老员工本身就是公司的一笔巨大的无形资产，与所加薪资比较，聪明的管理者会倾向于选择什么呢？这当然是不言而喻的了。

6. 不强制留人

企业管理强制留人，留得住下属的人，但却留不住下属的心。强制留人，不但对下属不利，对自己也不利，实际上是愚蠢的双输行为。

强扭的瓜不甜，留人留不住心，人才潜能发挥不出来，只能产生副作用：一是个人不好好干，甚至吃里爬外，把单位技术资料外传；二是搅乱人心，影响其他人。

有些企业，对要调离者降职、调换工作，企图"杀一做百"，最后发展到意气用事，企业为不放人而不放人，个人为调走而调走。其实这正好南辕北辙，要调走者后路已无，一心要走，舆论也会日渐同情他。如果员工对公司都做出过贡献，现在和公司闹僵被贬，大家心理上会感到为公司干了半辈子最后竟落到如此下场而寒心，害怕自己有一天因为调走或什么事得罪了领导，和他一样下场。这实际上也挫伤了留下者的积极性，损害了企业形象。

如果我们在放人的同时，还开一个小范围的欢送会，肯定过去的成绩，给予实事求是的评价，表明忍痛割爱的心情，这样的好聚好散是有战略眼光的做法。留下者看到企业爱才，处理问题实事求是，充满了人情味，不是人走茶凉，调离者感恩戴德，无形中企业树立了良好的形象。

关键位置上敢用"外人"

优秀的管理者除了开发利用好自身的人力资源外，还要善于利用外部的人力资源，借助他人为自己谋利，善于让他人为自己的企业创造财富。

——北大管理理念

北大管理课认同企业管理要适当任用"外人"，以此激励企业内部的氛围。不少企业家深谙这个道理，他们敢于在关键位置提拔重用"外人"，企业也因此获得发展。

不过，人才的引进是为了促进企业更好的发展，"空降兵"的加盟并不意味企业管理者就可以高枕无忧。"外人"能否适应水土，能否为企业带来新的发展，才是企业管理者需要注意的问题。

在一家拥有一百人左右的公司里，近半数的员工都是跟着老板打江山过来的，彼此很信任。本来公司里气氛融洽，年轻人又多，办公环境很轻松，下班后大小聚会也是常有的事。但是，随着新任主管张素的到来，公司的气氛悄悄起了变化，大家工作时正襟危坐，说话时谨小慎微，下班后行色匆匆，就怕被新主管抓住工作上的把柄。

张素是公司老板从对手那儿挖过来的"空降兵"，她对于出现这种情况感到很委屈："我来之前，公司的管理确实太松散了，人浮于事，效率不高，老板既然重金请我来，我觉得就应该发挥自己的作用，把能办的事情办好。"基于这样的思考，她决定从自己部门的工作入手，整顿办公室纪律，严肃工作程序和流程。

又到月底，员工开始去财务报销一些日常的办公费用。上一任主管往往不看这些花花绿绿的发票，立即就在报销单上签字。张素却非常认真，逐条逐笔详细审核。从中她发现了很多问题：有总款额核算不对的；有发票种类和事由不符的；有非公务开支不应报销的。她的这种做法，效果明显，一个月下来，办公开支减少了数万元，老板甚为满意。但公司上下对她意见已经很大。

没过多久，那些利益受损的老员工开始集中向张素开火。"没能力""搞派系""自以为是"，他们对张素的这些负面评价越来越多。甚至在部门经理会议上，有人公然指责财务部门不支持工作。随着向老板打小报告的人越来越多，本来对张素还很信任的老板逐渐对她不满起来。在张素来到这个公司的两个月之后，老板为了维护公司的和谐氛围，只好将张素解雇。

像这种情况也时有发生，企业的管理者一定要看到任用"外人"所遇到的阻力。企业的老员工可能会制造麻烦来抵制外来管理者，而外来管理者又想尽快树立起威信，通常都会拿老员工开刀。同时，引入"空降兵"的企业管理体系会遭遇变动，这是在所难免的。

外来人才要想运作好，势必要不按套路出牌，由此产生了"空降兵"和老员工的职业行为、职业方式上存在的沟通困难和天然文化冲突。企业的老员工和"外来管理者"的磨合是一次痛苦而漫长的过程，企业管理者要妥善处理好两者的关系，既要让"空降兵"才华得以表现，又不过分伤害到原来的老员工，这的确需要一定的艺术。

显然，管理者不能因噎废食，关键位置上敢用外人，还是值得提倡的。

曾有一段时间，世界著名的东芝电器公司由于经营方针的错误，使整个企业走进了一个前所未有的低谷之中，若不尽快地处理，或者处理得不好，东芝电器公司就会在世界市场上消失。

在这个生死攸关之际，东芝电器的高层经营者莫不愁眉深锁，挖空心思地想着该如何挽救公司。最后，他们想到了一个极为优秀的人才，也许只有此人才有可能挽救公司的命运，他就是日本石川岛造船厂总经理士光敏夫。十几年前的石川岛造船厂也和今日的东芝电器一样陷入危境，全靠士光敏夫一手将它从危境之中拉了出来，并领着公司走向了国际舞台。

经过努力，士光敏夫这个外人进了这家危机重重的公司。士光敏夫上任后的第一件事就是，重新唤起低落已久的东芝员工的士气。他鼓励员工们：东芝电器公司人才济济，公司的体制也非常良好，只要大家团结一心，一定可以让东芝电器重现光芒。在士光敏夫不断的激励下，员工们的斗志再次燃起，充满干劲。接着，士光敏夫又提出实施毛遂自荐和公开招聘制，想办法让员工们能够完全地将自己的潜力发挥出来。

在士光敏夫不断的鼓舞下，东芝电器出现了前所未有的高昂士气。在公司员工共同的努力下，东芝电器公司站稳了脚步，并再次走向了国际舞台。

要恰到好处地利用外部人力资源，就要做到以下几点：

1. 发挥智囊团作用

智囊团原则上使你得以把他人的经验、训练和知识所汇集的力量，当作是自己的力量一样加以运用。如果你能有效地应用智囊团，则无论你自己的教育程度或才智如何，都能克服所有的障碍。

没有人不需要任何帮助就能成功。毕竟个人的力量是有限的，所有伟大的人物都必须靠着他人的帮助，才有发展和茁壮成长的可能。

2. 尊重贤士

管理者不可能处处高明，只有借用外部人员的高明之处，才能真正用人不疑。因此，领导者切忌刚愎自用，自以为是，而应该虚怀若谷，恭以待人。

3. 任其自主

管理者不应以任何形式把自己的主观意志强加给所任用的人，而应积极地为他们创造一个独立进行工作的环境，对外来管理者予以充分的授权。你必须尊重他们工作的独立性，不干涉他们的工作，让他们通过研究得出自己认为是科学的结论。

抛弃等级成见，尝试让 B 级人干 A 级事

让低职者高就，目的是压担子促成长。

——北大管理理念

所谓的 A 级人就是非常优秀的人，那么所谓 B 级人就是指那些具有丰富的知识、充沛的精力和强烈的进取心，但因工作时间较短而缺少经验的年轻人。

一般来说，B 级人在经验上稍差一点儿，但他们受过良好的教育，知识面广泛，接受能力强，更重要的是，他们有着年轻人独有的本钱———做事热情有冲劲，积极向上有信心。

我们的传统做法是量才使用、人事相宜，什么等级的人就安排做什么等级的事。让 B 级人做 A 级事，既使员工感到有轻微的压力，又不至于感到压力过大，有利于激发工作热情。

现在不少企业还戒守着森严的等级制度，导致用人失策。所以说，要做一个明智的管理者，在用人时就必须注重人才真正的能力，而不被等级观念限制。

明智的领导者应该认识到，任何限制员工发挥才能的等级成见，都是有百害而无一利的，应该坚决摈弃。因为等级成见，会使企业缺乏纵向交流，压抑员工才能的充分发挥。

一家老字号的食品公司，经历发展后形成了严格的等级制度，却因为管理混乱最终走向了下坡路。

这家公司成立之初，企业管理层用人唯贤，那个时候，下属们有什么意见与想法，都可以直接找经理交流。公司用人也没有固定的等级制度，很可能昨天才进公司的人，因为确有卓越的能力，明天就成了部门主管。

但是，随着公司的不断发展壮大，人事方面越来越"规范"，并形成了一定的模式，越级提升、交流为许多主管、经理禁止，这就是一种等级成见，而这种成见使公司最终走上了一条不归路——各部门缺乏纵向交流，使"论资排辈"蔚然成风，刚加入公司的青年才俊，因为看不到希望而离去，而留下的一些"老人"也无法打破企业多年的壁垒，最终导致了该公司的破产。

一旦一个企业形成了等级成见，就会使手下员工失去工作热情，限制员工的创造力。如果管理者硬是要将每个人限制在"等级"的圈子中，所谓的 A 级人干 A 级事，B 级人干 B 级事，每个人都不会得到进步，当然，企业也不会得到进步。

放手让 B 级人干 A 级事，不但能激发 B 级人的上进心，发挥他们的潜在能力，而且降低了企业的管理成本。放手使用 B 级人，能调动他们的积极性，充分发挥他们的聪明才智，为企业创造更大的效益，而且能促使 B 级人更快地成长为 A 级人，以解决企业内部人才断层的现象，同时节省了培养人才的大笔费用。

如何促使自己的员工成为顶级人才，制定适度偏高的工作目标，"让 B 级人做 A 级事"，"逼"出员工潜力，无疑是非常有效的一招。试想，如果员工在工作位置上，工作要求和工作能力恰好吻合，有时还绰绰有余，员工工作起来游刃有余，自然就会产生非常满足或沾沾自喜的心理，这在无形中会无情地扼杀员工追求更高目标的意志，使员工变得平庸、安分守己。而"让 B 级人做 A 级事"，则会使员工始终处于一种不断进取，努力达到工作要求的动态工作中，在工作的同时也不断地提升着自己。

人才重要，善用对手的人才更重要

我觉得对于一家互联网公司来说，没有好的人才就没有好的价值。服务器三年就折旧了，办公楼是租的，这些没有真正的价值可言，人才才是真正的核心竞争力。

——李彦宏

对管理者而言，唯有任用"自己人"才会让自己放心、省心。很多时候，我们会看到这样一种现象，当一个新上任的管理者接手工作之后，便急于清理前任管理者器重的人，再安排一些自己满意的人，所谓"一朝天子一朝臣"。

其实，对于一个优秀的管理者而言，要敢于大胆地使用人才，尤其是那些在竞争对手手下得到过重用的人才，一切以团队的发展为首要考核标准，对企业而言是福音。

齐桓公继位后，准备任命鲍叔牙当宰相。岂知鲍叔牙却偏偏提出："我虽然对您是忠心耿耿的，但只是一个庸臣，不会有大的作为。您要想把齐国治理好，就必须任用管仲来做宰相。"齐桓公问："为什么一定要用他做宰相呢？"鲍叔牙说："我与管仲相比，我有五点是不如他的：宽厚仁慈，能安抚百姓，这我不如他；治理国家，能抓住根本，我不如他；忠信可结于诸侯，我不如他；能给国家制定规范和礼仪，我不如他；能站在军门前指挥练武，使将士勇气倍增，我更不如他。管仲有了这五个强项，所以要是他当宰相的话，一定可以使齐国很快强盛起来。"齐桓公说："可是他阻挡我回来当国君，在交战时又射中了我的带钩，几乎置我于死地。他是我的仇人，我怎么能用他做宰相呢？"鲍叔牙说："当时两军对峙，他忠于其主。他是箭在弦上，不得不射。换了我，也会为您去射公子纠的。"

在鲍叔牙的再三劝说下，齐桓公终于不再计较一箭之仇。命人择定吉日良辰，用"郊迎"的大礼，亲自迎接管仲并同车进城。齐桓公与管仲一连谈论三日三夜，句句投机，即拜管仲为相国，且尊称为"仲父"，言听计从，专任不疑。从此，在鲍叔牙的协助下，管仲出谋划策，在齐国顺利实行了他的治国之道。

有些管理者会片面地认为，对手的人才具有危险性。其实不然，很多优秀的管理者都懂得利用对手的人才，历史上的唐太宗所重用的魏征正是太子李建成的门臣。

美国企业家比尔·休利特说："没有什么比自己的人才成为对手手中的武器更让人感到可怕的了。"他认为，人才是企业最为宝贵的资产，尤其是同行中优秀的人才，更是企业最难得的财富。他们不但有你所需要的一流的业务技能，你还可以从中了解到对手的一些情况。所以，聪明的管理者都善于从对手那里挖掘人才。

因为某种原因，一些优秀的员工离开了原来的企业后，如果管理者能够不失时机地将他们纳入自己的公司为我所用，同样可获得优秀的人才。

对管理者而言，善于利用手中的人才，否则你的人才将为竞争对手所用，自己所遭受的损失会更大。

艾柯卡在亨利·福特一步步的提拔下当上了福特汽车公司的总裁。福特有一个毛病，就是好斤斤计较，艾柯卡和他相处得十分谨慎。有一天，福特命令艾柯卡解雇一位高级职员。

艾柯卡迫于压力，不得不把这位职员请了出去，自己也在提心吊胆中过日子。虽然日子不好过，艾柯卡还是取得了好成绩。但成绩到来的时候，霉运也开始了。有一次，100多个美国银行家和股票分析家聚会，艾柯卡的发言受到了参会者一致的好评。没想到，这让福特发怒了，因为艾柯卡抢了他的风头。

他对艾柯卡说："你跟太多的人讲了太多的话，他们还以为你是福特公司的主事者，这种情况让我太难受了。"

于是，福特毫不理会艾柯卡的意见，决定不再把小汽车推向市场，结果使得公司急剧亏损。事后，他对此没有做出任何的解释。当一个记者向他采访这件事时，他只回答了一句话："我们确实碰上了一大堆麻烦。"这时，福特决定把艾柯卡踢出去，他的手段一个接着一个，他还到处散播谣言说："艾柯卡早已和黑手党搅在一块了"。他是董事长，艾柯卡是他任命的总裁，也是他的得力助手，他竟如此做，实在让人搞不明白。

3年之后，在一次董事会上，福特突然对艾柯卡说："我想你可以离开了。"就这样，功勋卓著的艾柯卡被福特无情地解雇。不久，美国《底特律自由报》同时刊出了两个大标题："克莱斯勒遭到空前的严重亏损"和"李·艾柯卡加盟克莱斯勒"。

两条新闻同时出现，似乎预示了某种关系。其实，克莱斯勒公司已经迅速出击，早将李·艾柯卡请了过来，委以总裁重任。艾柯卡接管克莱斯勒公司的时候，该公司正面临倒闭的危机，两年之间，公司亏损高达17亿美元。艾柯卡想尽各种办法解决了公司一个又一个的危机。到1983年春，克莱斯勒公司已经可以发行新股票了。本来计划出售1250万股，但是谁也没有料到，最终的发行量超过一倍。买股票的人多得排队等候，2600 万股在一个小时内就全部卖光了，其总市值高达 432 亿美元，这是美国历史上占第三位的股票上市额。

1984 年，克莱斯勒公司扭亏为盈，净利润达到 24 亿美元。艾柯卡成为美国人心目中的英雄。由此可以看出，被别的公司踢出去的人，未必就不是人才。

这足以说明，人才重要，善用对手的人才更重要。不要对对手的人才心存芥蒂，只要能为己所用，能促进公司的发展，用人就应该不拘一格。

一个优秀的管理者，应该有让所有人才都为己所用的胸怀，不管他们与自己的竞争对手有着什么样的关系，都应该重用他们，让他们在合适的岗位上继续发挥他们的作用。

第四章 授权管理课：
"从细节中超脱出来"，不去和别人抢权

充分授权：管理者的带队伍诀窍

> 做企业最重要的是拿得起，更能够放得下。
>
> ——俞敏洪

"现代社会许多大小公司的老板、部门主管早已被信息、电讯、文件、会议掩盖得透不过气来。几乎任何一项请求报告都需要他们亲自审阅，予以批示，签字画押。他们为此经常被搞得头昏眼花，根本无法对公司的重大决策做出思考，在董事会议上也很可能是最无精打采的一类人。"这是著名的管理大师史蒂芬·柯维的观点。他认为，做不到合理授权是现代多数经理工作效能低下的主要原因。

杰克·韦尔奇也认为，高度的集权式管理只会让公司的运行减慢，他提倡的是简单式效率型管理。一名优秀的管理者是不会因为过分授权动摇自己的位置，相反，他会通过授权使自己的工作趋向于完美。

因此，能够制订合理的授权计划，掌握正确的授权方法，是管理者的必修课之一。管理者必须懂得充分授权的诀窍：

1. 制订合理的授权计划

授权对于管理者而言，必须对此形成完整的计划。这种计划可能不是文字的，但一定要在脑海中形成清晰的框架。盲目

的授权，或者未经仔细斟酌设计的授权将带来混乱。

制订授权计划，核心在于弄清楚授权要做的事情有哪些，这些事情的程序、步骤是怎样的，在每个过程中有哪些要点、预测到可能出现的情况是怎样的。

一个完整的授权计划应包含下面几点基本内容：

（1）授权任务是什么，这项任务涉及的特性和范围怎样。

（2）授权需要达成的结果是什么。

（3）用来评价工作执行的方法是什么。

（4）任务完成的时间要求。

（5）工作执行所需要的相应权力有哪些。

当授权成为一项经常性的工作的时候，我们就应设计一定的管理表格，也就是授权计划单。它能帮助他人形成完整清楚的授权计划。

具体来说，一份完整的授权计划单主要包括以下几项基本内容：

（1）任务细节：任务的职责范围、完成任务的关键点、特殊目的、时间要求等。

（2）人员详细资料：能力、兴趣和主动性水平、时间可能性、与以往培训和经历有关的内容等。

（3）培训要求：性质、方法、时间、成本。

（4）权力需求：完成工作所需的对人、财、物、信息等组织资源调用的权限。

（5）反馈方式：反馈的方法、频率等。

（6）管理者本人的职责：职责是什么，实现手段是什么。

需要注意的是，授权计划从一开始即要求受权下属的参与。应允许下属参与授权的决定，在授权计划形成之后，应在更大范围内公布授权计划，并根据授权计划向下属进行反馈和提问。这样做的好处是，其一，帮助管理者整理自己的思想，在确有必要时，修改授权计划。其二，使下属充分理解授权的精髓，在最大限度内得到下属的认同，激发其积极性。同时，又能在组织中起到宣传引导作用，形成授权的心理期待。

2. 掌握正确的授权方法

不同的授权方法会产生不同的效果。一名优秀的管理者应当掌握正确的授权方法。授权的方法按照不同的维度可分为不同的种类，但最主要的是充分授权、不充分授权、弹性授权。

充分授权是指管理者在向其下属分派职责的同时，并不明确赋予下属这样或那样的具体权力，而是让下属在管理者权力许可的范围之内，自由、充分地发挥其主观能动性，自己拟定履行职责的行动方案。这种授权的方式虽然没有具体授权，但在事实上几乎等于将管理者自己的权力——针对特定的工作和任务的部分权力下放给其下属。充分授权的最显著优点在于能使下属在履行职责的工作中实现自身价值，获得较大的满足，最大可能地调动下属的主观能动性和创造性。对于授权管理者而言则大大减少了许多不必要的工作量。充分授权是授权中的"高难度特技动作"，一般只在特定情况下使用，基本要求授权对象是具有很高素质和很强责任心的下属。

不充分授权是指管理者对其下属分派职责的同时，赋予其部分权限。根据所授下属权限的程度大小，不充分授权又可以分为几种具体情况：

（1）让下属了解情况后，由领导者做出最后的决策。

（2）让下属提出详细的行动方案，由领导者最后选择。

（3）让下属提出详细的行动计划，由领导者审批。

（4）让下属果断采取行动前及时报告领导者。

（5）让下属采取行动后，将行动的后果报告领导者。

不充分授权是现实中最普遍存在的授权形式。灵活是它的特点，可因人而异、因事制宜，采取不同的具体方式。但它同时要求上级和下级、管理者和下属之间必须事先明确所采取的具体授权形式。

弹性授权是综合充分授权和不充分授权两种形式而成的一种混合的授权方式。制约授权是指管理者将职责和权力同时委托和分派给不同的几个下属，以形成下属之间相互制约地履行其职责的关系。

3. 授权是一个连续的流程

授权由计划走向操作化的方案，关键在于把握这一流程中的关节点，授权的全部奥妙正在于这些关节点之中。一个高效授权的管理者，他的全部授权技能体现在对这些关节点的把握之中。

（1）做好授权准备：扫除授权障碍，明确授权意识，创造授权气氛，制订授权计划。确认任务，有目标授权，针对特定任务授权，任务本身需要整理规范和明确。

（2）选择合适的受权者：根据下属的潜能、心态、人格挑选合适的人完成特定的事。

（3）授权的发布：授权计划的最后商定，宣告授权启动，明确任务及权限，制定考核标准。

（4）进入工作：管理者放手让受权者完成工作，对一般性的工作方式不作干涉。

（5）控制进展：管理者要保证工作以一定的速度进行，应当给下属适当压力，让其感受到责任，保证工作按计划完成。

（6）约束授权者：注视下属行为偏离计划的倾向，防止授权的负面作用，及时反馈信息，保证授权沿预定轨道前行。

（7）检收工作，兑现奖罚：评价工作完成情况，按预定绩效标准兑现奖励或惩罚，总结授权，形成典范，全面提升管理水平。

总之，对于管理者来说，懂得充分授权，赋予团队以活力和不断合作进取的动力，管理的效果才会可望而可及。

越聪明的管理者，越懂得"弱治"

"授权"会比"命令"更重要也更有效率。

——俞敏洪

有些管理者忙得好像上紧了发条的陀螺，从开会、交际应酬到企业的各项工作，恨不得一天有 48 个小时可以利用。

但是优秀的管理者们深深懂得，一个真正能够获得持续发展的组织，必须依靠群体的力量，而非单靠某个人的强势。这就需要管理者懂得授权，将自己的权力合理分授给下属，新东方总裁俞敏洪深谙授权的重要作用。

身为新东方集团的执行总裁，陈向东在新东方被认为执行力非常强大。

俞敏洪作为新东方的创立者，如今已经渐渐淡出对公司的直接管理，例如他会直接说："原来新东方管理干部都是我管的，现在都是陈向东管的，这个变化还不够大吗？"在老俞看来，原来陈向东只管某一方面的工作，现在他都是全面抓工作的。就是说，在执行层面的工作如今都是陈向东在抓，这是第二个变化。第三个变化就是主动性上的变化。比如说抓某一部分工作的时候，此前的陈向东有可能受制于新东方各方面的结构，但如果转为抓全面的工作，他调配资源的能力就发挥出来了。

新东方如今正稳步实现"去俞敏洪化"，俞敏洪更多地充当精神领袖的角色。

希望集团的刘永行在接受记者时曾说过这样一段话："企业做大了，必须转变凡事亲力亲为的观念。要让职业经理人来做，强调分工合作。我原来一人管十几个企业，整天忙得不得了。后来自己明白了，是权力太集中，所以痛下决心，大胆放权。"

管理者必须学会适当地弱化自己，培养起一批值得信赖的下属，进行有效授权，尽量做到"弱治"，才能使整个团队充满活力，使组织获得持续发展的动力。

孔子的学生子贱有一次奉命担任某地方的官吏。他到任以后，经常弹琴自娱，不问政事。可是，他所管辖的地方却被治理得井井有条，民兴业旺。这使那位卸任的官吏百思不得其解，因为他每天勤勤恳恳，从早忙到晚，也没有把那个地方治理好。于是他请教子贱："为什么你逍遥自在、不问政事，却能把这个地方治理得这么好？"

子贱回答说："你只靠自己的力量去治理，所以十分辛苦，而我却是借助下属的力量来完成任务。"

将所有的权力集于一身，表面上看是领导者的强大，实际上是弱智无能的体现。不少管理者一方面声称要给员工授权，另一方面却紧紧地握住手中的权力。概括起来，不少管理者不愿授权，主要是存在以下障碍：

1. 怀疑下属的能力

许多管理者不信任下属的能力，觉得与其授权，还不如亲自解决。担心他们做不好，最后还要让自己来收拾残局，甚至造成恶劣的影响。但是，每个人的能力都是在工作实践中锻炼出来的，没有哪个人的能力是与生俱来的，包括管理者本人。如果总是怀疑下属的能力，不交由下属去做，下属将永远也得不到成长。

2. 习惯于传统的命令式执行

不少员工具有较高的知识水平，可能在工作经验等其他方面有所欠缺。如果要发挥员工的能力，管理者就要摒弃传统的命令式的管理方法，让员工充分地参与进来，通过协作式的管理，加强与员工的平等沟通，调动员工的积极性。

3. 不愿培养下属

有些管理者认为，管理员工是自己的工作，但培养员工并不是自己职责范围之内的事，所以没有必要在这方面殚精竭虑。如果管理者不培养员工，员工就不可能获得成长，管理者所带的团队将永远停留在原有的水平上。

4. 拒绝分享权力

有些人对权力的掌控欲非常强烈，不愿与下属分享权力。这些管理者喜欢紧紧地控制着下属，认为只有这样才能树立自己的权威。

5. 害怕承担风险

授权是有风险的，管理者把某项工作授权给员工去完成时，如果做不好，第一责任人是管理者。有些管理者觉得自己没有义务去承担这种风险，因此不愿意去授权。

6. 乐于事必躬亲

有些管理者就是喜欢亲力亲为，自己是一个工作狂，愿意揽更多的活，永远不会闲下来。

不善于授权的管理者还会给出许许多多各式各样的理由来证明他们的"不授权"是正确的，是唯一可能的选项。同时，结果也往往是这样：他总是匆匆忙忙，总是埋身于事务性的工作，总是抱怨而又总是出漏洞，他的下属总是缺乏动力，缺乏责任心，总是懒洋洋的，企业总不能以他的期望运转，效率总是可望而不可即……

但是种种原因实际上都是借口，这些理由都是难以成立的，我们再来看这样一些分析：

（1）担心下属做错事的管理者，内心真正担心的不是下属做错事本身，而是怕被下属做错事所连累。这一类管理者一方面对下属欠缺信心，另一方面又不愿意为下属受过，所以有如唱独角戏那样凡事皆亲自操办。固然下属难免做错事，但若管理者能给予适当的训练与培养，做错事的可能性必然减少。授权既然是一种在职训练，管理者就不能因怕下属做错事而不予训练，反而更应提供充分的训练机会以避免下属做错事。

（2）不可否认，有些管理者因担心下属锋芒太露，或"声威震主"而不愿授权。但是从另一角度看，下属良好的工作表现可以反映管理者的知人善任与领导有方，所以管理者功不可没。

（3）只有领导力薄弱的管理者在授权之后才会丧失控制。在授权的时候，倘若管理者划定明确的授权范围，注意权责的相称，并建立追踪制度，就不会担心丧失控制。

（4）基于惯性或惰性，许多管理者往往不愿将得心应手的工作授权下属去履行。另外，有许多管理者基于"自己做比费唇舌去指导下属做更省事"的理由而拒绝授权。这两类管理者的共同缺陷即是将他们有限的时间与精力浪费在他们本来可以不必理会的工作上，而使需要经由他们处理的事务无法获得应有的重视。任何一位管理者管辖的工作，大体上均可区分为 5 种层次：

①管理者必须亲自履行的工作。

②管理者必须亲自履行，但可借助下属帮忙的工作。

③管理者可以履行，但下属若有机会亦可代行的工作。

④必须由下属履行，但在紧急关头可获得管理者协助的工作。

⑤必须由下属做的工作。在正常情况下，管理者对第三层次以下的工作应授权下属去履行。

（5）"找不到适当的下属授权"常被一些管理者当作不愿授权的借口。

任何下属都具有某种程度的可塑性，因此均可授权予以塑造。就算真的找不到一位可以授权的下属，仍是管理者的过失，因为倘若员工的招聘、培训与考核工作做得不差，又岂会有"蜀中无大将"之理？

可见，授权并非不能，而是管理者愿不愿意的问题。

经理不要做员工做的事情——算算你的时间价值

对于分校，我的管理不能过细，也不可能事必躬亲，但是一些原则性问题还是需要亲自过问的，比如财务问题，主要干部的任免，重大的市场策略，重点文件的发放。

——俞敏洪

我们总是很容易看到管理者忙碌的身影：刚听完一个汇报，又来一个请示，接着电话又响了，随后又到了会议时间……管理者很累、很忙，但管理效果并不好。管理者不要做员工应该做的事情，你在做这些事情的时候，需要算算你的时间价值。

如果一个管理者有 10 个下属，这相当于 10 个下属眼睁睁地看着他疲于奔命，却没办法去分担一二，如果他将工作的内容委派给这 10 个人去做，自然能让自己从那些烦琐的事情中解脱出来，既能提高工作效率，又能让自己的精力花在更重要的问题上。

管理者把工作交给部下的最大好处在于：节约了自己的时间。将任务交给员工去处理时，他就会有更多的时间去处理管理层面的事情。

乔治·索罗斯是著名的投资大师，他是一个敢于通过充分授权来提高工作效率的人，这是因为他意识到了授权的重要性，从而把公司的许多事情都交给下属去处理，鼓励他们敢于"自作主张"。

有一次，索罗斯出差归来，刚坐下秘书就抱出一大堆等他签字的文件，一问之下，他才明白，在他出差在外的日子里，这些文件都积在办公室里，有几份还是非常重要的文件。索罗斯十分生气，问："为什么这些文件不让部门经理签，这些天他们都干什么去了，你知不知道在这段时间里，浪费了多少机会?"秘书委屈地说:"您曾经说过，重要的文件都需要您亲自审核。"

索罗斯一想也是，自己的确说过这样的话，他马上召开部门经理会议，宣布了一个重要决定:"以后除非你们遇到实在解决不了的问题，不要耽误我打球的时间。"就这样，索罗斯的办公室看不到文件堆积如山的现象了。有时候，他甚至还打趣地说:"这帮家伙现在都不理我了。"

一个管理者，如果不敢放手让下属去干，利用并发挥他们的智慧，凡事都揽在自己身上，这样是不会把每一件事情都做好的，不能提高工作效率。手中的权力要懂得下放才行，眉毛胡子一把抓，只会让许多待解决的、更重要的事情不能得到快速有效的处理? 眼睁睁地看着许多重要的机会流失。

优秀的管理者懂得授权的重要性，他们不会事必躬亲，但他们忠实履行了自己的管理职责。

井深大刚是索尼企业的一名功臣，他刚进索尼公司时，索尼还是一个小企业，总共才有二十多名员工。老板盛田昭夫信心百倍地对他说:"你是一名难得的电子技术专家，你是我们的领袖，好钢用在刀刃上，我把你安排在最重要的岗位上——由你来全权负责新产品的研发，对于你的任何工作我都不会干涉。我只希望你能发挥带头作用，充分地调动全体人员的积极性。你成功了，企业就成功了!"

这让井深大刚感受到了巨大压力。尽管深井大刚对自己的能力充满信心，但是还是有些犹豫地说:"我还很不成熟，所以虽然我很愿意担此重任，但实在怕有负重托呀!"盛田昭夫对他很有信心，他坚定地说:"新的领域对每个人都是陌生的，关键在于你要和大家联起手来，这才是你的强势所在! 众人的智慧合起来，还能有什么困难不能战胜呢?"

盛田昭夫的一席话，一下子点醒了井深大刚。他兴奋地道:

"对呀，我怎么光想自己？不是还有二十多名富有经验的员工嘛！为什么不虚心向他们求教，和他们一起奋斗呢？"于是，井深大刚信心满满地投入工作当中。就像是盛田昭夫放权给他一样，他把各个事务的处置权下放给各个部门，比如他让市场部全权负责产品调研工作。市场部的同事告诉井深大刚："磁带录音机之所以不好销，一是太笨重，每台大约45公斤；二是价钱太贵，每台售价16万日元，一般人很难接受。"他们对井深大刚的建议是：公司应该研发出质量较轻、价格低廉的录音机。

与此同时，井深大刚让信息部全权负责竞争对手的产品信息调研。信息部的人告诉他："目前美国已采用晶体管生产技术，不但大大降低了成本，而且非常轻便。我们建议您在这方面下功夫。"在研制产品的过程当中，井深大刚和生产第一线的工人团结协作，终于合伙攻克了一道道难关，于1954年试制成功了日本最早的晶体管收音机，并成功地推向市场。索尼公司凭借这个产品，傲视群雄，进入了一个引爆企业发展速度的新纪元。

井深大刚取得了伟大的成就，成了索尼公司历史上无可替代的优秀人物。在这个事例中，我们应该注意到最为重要的两个环节：盛田昭夫放权给井深大刚，井深大刚放权给其他部门。在充分授权下，索尼公司发挥出了团队的整体作用，调动了每一位员工的积极性，把团队的力量发挥到了极致，从而取得巨大成功。

对于管理者而言，懂得授权，这是一件非常重要的事情。只有把工作交给下属去完成，经理不去做员工应该做的事情，才能提高下属的知识和工作技能，从而给自己留出更多的时间进行管理工作，将自己成为一名卓越的管理者。

向下属分权，让看准的人挑担子

多数情况下，直接向我汇报的人，他们每天在哪儿我根本就不知道。他们一天到晚忙各自的事情，有事情来找我，没有事情就各干各的。这样有好处，我放权、信任，他们做事激情很高。

——李彦宏

有很多管理者的工作十分繁忙，可以说："两眼一睁，忙到熄灯。"一年 365 天，整天忙得四脚朝天，恨不得将自己分成几块。但这种事必躬亲的管理思路太落后了，出路在于分身术：管好该管的事，放下不该管的事。而授权就是管理者走向成功的分身术。

随着公司规模的壮大，各项事务只会越来越多，即使是能力很强的管理者，也不能独揽一切。作为管理者应该树立这样的一种观念：管理者的职能不仅是做事，还在于成事！因此，管理者必须要学会向员工授权。

北大管理课认为，授权的好处有很多：管理者可以从琐碎的事务中解脱出来；可以激发员工的工作热情和干劲；可以增长员工的能力和才干；可以发挥员工的专长；弥补管理者自身才能的不足。其实，人们都知道授权的好处，但是有的授权起到了好效果，有的授权却导致了混乱，这是为什么呢？一个关键的问题在于授权者的态度。

正确的授权应该包括以下 4 个方面的内容：

（1）要看重员工的长处。任何人都有长处和短处，如果管理者能够着眼于员工的长处，那么他就可以对员工放心大胆地予以任用。如果只看到员工的短处，那么他就有可能由于担心员工的工作而加倍操心。这样，员工的工作积极性必然会降低。作为班组的领导者，不妨在授权的时候让员工真切感受到对他的信任感。

（2）不仅交工作，还要授权力。领导者将工作目标确定以后，需要交付员工去执行，此时必须将相应的权力授给员工。一般来说，将工作委托给员工去干，这一点是不难办到的，因为这等于减少自己的麻烦，将权力授给员工，就不那么简单，因为这意味着自己手中权力的削弱。身为管理者，应该把权力愉快地授给承担相应工作的员工。当然，所授的权力也不是没有边际的。

（3）不要交代琐碎的事情，只要把工作目标讲明白就可以。作为一个领导者，对待员工最忌讳的就是"婆婆嘴"。既然已经授权给下属去做，就不应该为下属指东指西，使下属无所适从。否则，下属的自主性不易发挥，责任感也随之减弱。

老王是进厂几十年的老师傅了，具有丰富的工作经验，他已经带出了一批徒弟。由于年龄偏大再加上文化水平不高，几年前就不再担任班长。现任班长小杨是前不久调任到这个班的。小杨是大学毕业生，技术上是业务尖子。

有一天，来了一批加工任务，他把老王叫来："老王，交给你一个任务，这批零件加工要求非常严格。"于是反复地向老王介绍加工的各种参数。老王有点儿心不在焉地听着，因为他干这种工作已经几十年了，完全了如指掌。最后小杨不放心地问了一句："听明白了吗？"老王笑了笑："咱文化低，听不懂，麻烦你再请其他高人吧！"小杨一下子愣在那里，因为他再也找不到更合适的人了。

（4）对员工不应放任自流，要给予适当的指导。身为领导者，千万不要以为授权之后就万事大吉了。尽管将权力授予给员工，但责任仍在自己。作为一个领导者，将权力授出之后，还应该对员工进行必要的监督和指导。若是员工走偏了方向，就应该帮助修正；若是员工遇到了难以克服的困难，就应该给予指导和帮助。

不事事包揽，不一竿子捅到底，不越级、不错位、不揽权，管好自己的人，办好自己该办的事，这样的领导才会轻松而游刃有余。

此外，管理者在授权过程中，应该注意到以下几个问题：

（1）"因事择人，视能择权"，一切以被授权者才能的大小和水平的高低为依据。

（2）对被授权者进行严密的考察，力求将权力和责任授权给最合适的人。

（3）必须向被授权者明确所授权的事项、目标和权责范围。

（4）所委托的工作，应当力求是被授权者感兴趣、乐于完成的工作，双方应建立相互依赖的关系。所授的工作量以不超过被授权者的能力和体力所能承受的负荷为限度，适当留有余地。

（5）不可将不属于自己权力范围内的事授给员工，否则势必造成机构混乱等严重后果。

（6）尽量支持被授权者的工作，被授权者能够解决的问题，授权者不要再作决定或指令。

（7）凡涉及有关全局问题的，如决定组织的目标、方向和组织决策等，一般不可轻易授权。

总的来说，管理者把目标、职务、权力和责任四位一体地分派给合适的员工，充分信任他们，放手让他们工作，这就是授权的要领。

问员工要业绩，不要具体方案

评定一个人是否称职或是否应该被提拔的最佳方法只有一个，就是先给他一个平台、一份责任，看他能不能拿出实实在在的工作成果来证明自己。

——李彦宏

对员工的工作大包大揽，看起来像是一位对员工关怀备至的好领导，但这并不一定能获得员工的认同和赞赏。

有一位极其认真负责的管理者，每项工作都指示得极其具体详细，连布置会议室放几把椅子、标写多大的字、找谁写、用什么纸这样的小事都要亲自指示。开始部下尚能接受，时间一长大家就受不了了，觉得他像个喋喋不休的老太太，管得太宽、太严。

实际工作中，只需向员工下达工作目标就可以，不必布置细节。比方说，让员工推销一批商品，只需告诉他销售份额和经济合同法的一些知识，不用具体到去哪家商店，如何攀谈；安排部下编制一套管理软件，只需说明要求，不用告诉他使用哪种语言、如何编。管理到一定程度就可以，过度的管理反而适得其反。

作为企业的管理者，主要职责并不是如何去管住你的员工，让他们的所有行动都在你的掌控之下，而是要授予他们充分的自主权，只向他们索要结果，中间的过程可以不过多干预。

一日，东京某涉外饭店的豪华餐厅里，有一位从美国来的外宾对送上来的牛排不太满意，他认为这个牛排熟得太透。于是，他叫来服务生。服务生用极其谦恭的态度认真倾听他的抱怨，之后，对他说："请您稍微等一下，符合您口味的牛排马上就能上来。"说完，服务生立即拿走牛排，继而吩咐厨房按照客人的口味另烤一块送来。

看上去，这是一件很不起眼的事情。但是，在这个事情的背后，是这家饭店正在力推的组织变革——授权管理。饭店的老板认为，服务生是直接面向客人的，应该给服务生更大的权限来服务于客人。于是，我们就看到这个场景：服务生无须请示任何人，能够自主地为客人解决问题。这样，整个饭店的运行效率就会因此而大大提高。

善于授权的管理者能够创造一种"愉悦气氛"，使员工在此"气氛"中自愿从事富有挑战性的工作，给企业创造一个和谐共事、创新共进的局面。

每个人都会有一套自己处理问题的方法，如果凡事都按照管理者的要求去做，就会让员工失去自主性，往往也得不到预想中的结果。对于管理者而言，结果才是最重要的，至于过程只要员工的行为在规定的范围之内，就该最大限度地授权他们、信任他们。这也是员工内心所期望的。

在京城，海底捞以其优质的服务赢得了顾客的青睐，而海底捞的管理模式也备受推崇。

1994 年，还是四川拖拉机厂电焊工的张勇在家乡简阳支起了 4 张桌子，利用业余时间卖起了麻辣烫。将近 20 年过去了，如今的海底捞已经成为著名品牌，张勇成了 6000 多名员工的董事长。

在张勇的认知中，人是海底捞的生意基石。客人的需求五花八门，单是用流程和制度培训出来的服务员最多能达到及格的水平。让雇员严格遵守制度和流程，等于只雇了他们的双手。张勇愿意放权，在海底捞，店员拥有相应的权力。

200 万元以下的财务权都交给了各级经理，而海底捞的服务员都有免单权。不论什么原因，只要员工认为有必要，都可以给客人免费送一些菜，甚至免掉一餐的费用。

聪明的管理者能让员工的大脑为他工作，当员工不仅仅是机械地执行上级的命令，他就是一个管理者了。

其实不仅仅是海底捞，许多企业都在为授权、放权做努力，这样做只是为了能让员工获得更大的发展空间，更好地发掘他们的潜能，给企业带来更大的效益。如 Google 公司就会允许工程师在 20% 的时间里从事自己喜欢的项目或技术工作，这一措施一经推出，就收到了令人意想不到的效果。因为有了 20% 可以自由支配的时间，那些工程师便可以在这段时间里来实施自己的一些创意，或者与其他同事一起完成某个有着出色创意的产品模型，如果这个创意的确能够吸引人，就有可能成为Google 推向世界的下一个产品或服务。

聪明的管理者只向员工要业绩，不要具体的工作方案，这是因为：

1. 过度管理不利于部属发挥积极性

解决问题的途径可以有 100 种，主管的方法不一定是最好的，或许员工有一套好方案，但主管早已安排好了一切，也只能照办。员工失去了参与和挖掘潜能的机会，必定挫伤积极性，慢慢就会养成不动脑子、一切依赖领导的"阿斗"作风，失去想象力、创造力和积极性。

2. 过度管理不利于锻炼员工的工作能力

很多主管不信任部属的能力，担心员工办砸了事，左叮咛、右嘱咐。一般来说，主管的水平、工作能力要比部属高，指令也科学、合理。你过细的指令或许会使部属少走许多弯路，可部属体验不到通向捷径路上的荆棘坎坷，就得不到锻炼和提高。

领导的任务就应当是统领全局，抓紧大事，而不应将精力耗在细枝末节之上。海尔集团的总裁张瑞敏的做法就很值得我们借鉴。张瑞敏喜欢授权管理，习惯只出思路，具体细化则由下面的人去做。海尔各部均独立运作，集团只管各部一把手。集团先任命一把手，由一把手提名组建领导班子后，集团再任命副职和部委委员。一切配备完毕后，只有资金调配、质量论证、项目投资、技术改造这些大事由集团统一规划，其余各部由各部自管。

合理的授权是让领导做领导最该做的事，下属做下属最该做的事。正如韩非子所说"下君尽己之力，中君尽人之力，上君尽人之智"。一个优秀的管理者若想成为"上君"就一定要做好授权管理，不必事必躬亲，布置细节。

企业不可能只靠管理者的努力就能获得良好的发展，一个优秀的员工，不会在"命令"中能持续优秀。一个能够给员工充足自主权的管理者，不仅能让自己从琐碎的日常工作中解脱出来，把时间用在一些更重要的地方，同时也能促进员工的成长。

权责一致，授权也要讲究策略

当管理者授权给下属的时候，不能只是强调他们在工作时无须事事请示，有自己的自主决策权，也要把相应的责任授予他们。

——北大管理理念

北大管理课认为，权力与责任是对等的，没有人只会享受权利，不负责任；也没有人只负责任，而不享受应有的权力。管理者授权给下属时都要让他们清楚自己的责任，这样才能让他们在行使相应的权力时，能够考虑得更全面，朝着更加有利的方向前进。

有些人当他们成功地接过领导手中的"指挥棒"的时候，会误以为自己只是接过了执行的权力，而没能认识到权力后面的责任，尤其是领导没有明示的时候，他们更有可能"胡作非为"，给团队或企业造成极大的损失。

授权是要讲策略的。从责、权的关联度上看，授权有两种形式：授权授责与授权留责。前者是指授权同时授责，权责一致；后者则不同，授权不授责，如果被授权者处理不当，发生的决策责任仍然由授权者承担。

当管理者把权力授予员工时，应该让员工知道，他拥有的不仅仅是权力，还有与权力相匹配的责任。授权的同时，强调权责一致，不仅能够避免因为权责不一致而出现的滥用职权的情况，还可以培养员工勇于承担责任的能力。

某书店店长为了激发员工的工作激情，决定在书店内部推行"授权管理"，将管理权限下移。他规定："各部门都可以在各自的职责范围内处理部门业务，只要是有利于书店业务发展的，不需要请示便可以自行决定。"这个店长原以为自己授权后可以轻松下来，不用再事必躬亲，然而让他始料未及的是，"授权令"一下达，反而给书店的管理工作带来了很大麻烦。表现最为突出的是，很多部门不是专心致力于书店业务的发展，而是相继制定起保护各自利益的"游戏规则"来。

比方说，书店的采购部为了不受监督不再执行以前的"采购请示"制度，根本不征询销售部的意见就直接决定采购的类别和数量，最后造成了大量图书滞销，销售部门意见很大，而销售部门在制订图书促销计划的时候，也不再会同别的部门一起协商，为促进业绩，他们频繁促销，甚至独断专行地降低图书折扣。虽然销售业绩扩大了，但书店的利润却下滑很多。

从这个例子我们看出，在书店适宜推行"授权授责"，即使被授权者有责任、压力，这样才能增强使用权力的责任感，避免出现滥用权力的现象。

在授权过程中应注意以下几个问题：

（1）明确目标责任是授权的前提，没有目标责任的授权是无原则的授权，这样的授权无济于管理效益的提高和目标的实现。

（2）授权不是下放领导者的所有权力。授权的适度应掌握在能及时掌握全面信息、控制局面的前提下，通过授权发挥各级的积极性。重大方针政策的监督检查权、决策权，例外事项的决策权不应下放，否则，授权就成了放弃领导。

（3）授权的同时必须要明确指挥关系，建立信息反馈制度，规定下级应汇报的内容、汇报的时间及汇报形式等。

（4）下级在行使权力中出现失误时，不应一味地责备下级。授权是把职权委让给下级，它意味着容许员工犯一些错误，但是应该把全部责任留给自己。领导者要善于耐心指导，坚持激励的原则，热心地帮助下级。

管理者要把握合适的时机，选择一个适当的时机，这个时机的选择对于授权的效果可能会有显著的影响。这种时机既可能是一些特殊的事件，也可能是一些司空见惯的现象再次出现。把握这种时机，导入授权，能让下属切实感到授权之必要，或避免授权进入过程的生硬。

实际上，有效的授权常在下列情形出现时授权。

（1）管理者需要进行计划和研究而总觉得时间不够。

（2）管理者办公时间几乎全部在处理例行公事时。

（3）管理者正在工作，频繁被下属的请示所打扰。

（4）下属因工作闲散而绩效低下。

（5）下属因不敢决策，而使公司错过赚钱或提高公众形象的良机。

（6）管理者因独揽大权而引起上下级关系不和睦。

（7）公司发生紧急情况而管理者不能分身处理时。

（8）公司业务扩展，成立新的部门、分公司或兼并其他公司时。

（9）公司人员发生较大流动，由更年轻有活力的中层管理者主持各部门、团队工作时。

（10）公司走出困境，要改变以往的决策机制以适应灵活多变的环境时。

大权紧握，小权分散：注意集权和分权的结合点

作为管理者，并不意味着他什么都得管，而是大权独揽，小权分散。

——北大管理理念

权力是一把双刃剑，有的企业管理者喜欢集权，将大大小

小的权力都掌握在自己的手里，不恰当的集权只会对企业造成严重的伤害。

有一家主要从事食品加工的乡镇企业，老板张总事必躬亲，对员工信任度不高。每当营销员将要出征时，他就会再三叮嘱："你们遇事一定多汇报；否则，出了问题，后果自负！"因而，在外省打拼的营销员们一个个小心翼翼，生怕办错事，把结果算到自己头上。因此，张总经常接到这样的长途电话："张总，一天30元的旅店没找到呀！租一间一天35元的旅店可以吗？""张总，这边的客户表示需要我们意思意思，那我们是不是可以买几条烟送去呀！"无论事情大小，他们一律请示回报，只要未经老板认可，他们绝对不会主动做主。

最终，一些有能力的营销员感到手脚被牢牢束缚着，有劲儿使不出，只好选择离开，另谋高就。留下来的营销员只会请示，工作起来没有丝毫主动性，领导不安排的事情一概不做，一年到头业绩平平。而张总也整日手机响个不停，忙得脚打后脑勺，上百万元广告费像打水漂一样毫无效果，好端端的一个企业处于濒危边缘。

集权可以便于管理，并且让自己对企业的发展了然于胸，但是，高度的集权会导致对下属才能的束手束脚，最终企业变成了只是管理者个人的企业，企业的发展可想而知。

不少在创业期间取得较好发展的优秀企业，也可能因为过分分权，导致企业的发展不尽如人意。

一家颇具影响的民营企业，它所生产的高压锅因质量好而广获好评。这家企业的老板喜欢分权式管理，他让每个营销员承包一个省级市场，公司与其签订承包协议，产品以出厂价下浮25%提供给营销员，营销员必须要保证在一年内完成一定量的销售任务。至于营销员如何销售，公司一概不管。老板的这一招的确极大地调动了营销员的积极性。大家各出奇招，短短几年，企业就在创造了上千万的销售业绩的同时，也造就了许多百万富翁。但是好景不长，市场竞争越来越激烈，富裕起来的营销员已经没有了当初的斗志，公司业绩陷入低谷。公司老板有心自己接管渠道，但是发现难度很大——渠道已经被他们牢牢地把控在手中。更让老板没有想到的是，有的营销员竟然"监守自盗"，在销售公司正品的同时，自己私设黑工厂，制造假冒伪劣产品，将其投入市场鱼目混珠，大发其横财。就这样，一家前景广阔的企业断送在这些营销员手中。

管理者也许经常能发现这样的例子，在企业管理中，"一统就死、一放就乱"是非常容易发生的现象。分权可以有效地分散权力，使权力不会过于集中，而且更有利于民主化，但是不便于管理，会有很多漏洞。

由此可见，集权与分权是一种科学，更是一种艺术，正所谓"运用之妙，存乎一心"，集权与分权处于适宜的范围内，才能服务于业务的发展，才能创造价值。

杜邦公司能在美国经济发展中占据举足轻重的地位，做到了大权独揽，小权分散。

19世纪，杜邦公司实施的是单人决策式管理，领导者对公司实行强权控制，事无巨细亲自过问，为此还累死了两位副董事长和一位财务委员会议议长，使公司一度陷入危机，差点转卖给杜邦家族以外的人经营。

到了19世纪末20世纪初，杜邦公司决定抛弃单人决策式管理，实行集团经营模式，建立执行委员会。由于采取了新的措施，公司再度兴旺。但此时，杜邦公司依然属于高度集权式管理。

第二次世界大战之后，杜邦步入多元化经营阶段，但由于高度集权式管理的局限，多元化经营使集团遭到严重亏损。经过分析，杜邦实行了组织创新，由集团式经营向多分部体制转变，总部下设分部，分部下设各职能部门，这一时期，集权已开始向分权转变。

20世纪60年代初，杜邦又面临一系列困难，危机重重。1962年，被称为"危机时代领跑者"的科普兰担任公司第十一任总经理。但是1967年底，科普兰把总经理一职让给了非杜邦家族成员的马可，这在杜邦历史上是史无前例的，财务委员会议议长也由他人担任，科普兰只担任董事长一职，从而形成了"三驾马车式"的组织体制。他说："三驾马车式体制，是今后经营世界性大规模企业不得不采取的安全措施。"事实证明，科普兰的革新是非常成功的。

大权独揽，领导者容易偏执和独裁，使公司陷入困境；将小权分散下放，善于分配工作，并进行有效的指导和控制，使下属有相当的自主权、自决权和行动权，是比较安全保险的管理模式。

领导者进行工作指派与授权后，对下属所履行的工作的成效仍然要负全部责任。也就是说，当下属没有做好指派的工作时，领导者将要承担其后果，因为前者的缺陷将被视同后者的缺陷。另一方面，为确保指派的工作顺利完成，领导者在授权的时候必须为授予权力的下属订下完成工作的责任。下属若无法圆满地完成任务，则授予权力的领导者将追究其责。

当企业规模发展到一定阶段，集权还是分权必然成为企业管理中一个复杂而艰难的问题。处理集权与分权的关系，既要防止"失控"，又不能"统死"。

集权与分权的结合点如何把握，对管理者而言的确是个考验。要达到这一目标，可遵循这样一条原则：战略上的集权和战术上的分权。在现实的企业管理中，关于集权与分权的发展趋势是：最大限度地放权，实行扁平化管理。其主要依据有以下几条：

（1）随着社会生产力的发展，世界产品市场正逐步由卖方市场向买方市场转移，市场需求向多样化、个性化方向发展，市场划分越来越细，企业对市场变化做出反应的时间要求越来越短，市场机会稍纵即逝；同时，企业做出正确决策所需的信息量越来越多而详细，必然要求充分发挥底层组织的主动性和创造性，充分利用其自主权来适应他们所面对的不断变化的情况。

（2）如果决策集中在最高层组织，则传递有关决策的信息的成本会越来越大，所需时间会越来越长，不利于企业对市场需求变动快速做出反应。

（3）即使高层领导的经验丰富，判断力极强，但如果决策职能过分集中，则会造成其负担过重，陷入具体事物而不能脱身，也就没有时间做出更重要的决策。

给下属更多的自由和空间

为优秀人才搭建一个自由、宽松的平台，因为人只有在自由的空间里，其创造力才能真正释放出来；也只有在独立自主地面对与解决问题的过程中，才能得到最高速的成长。

——李彦宏

领导者授权的真正核心是，给下属更多的自由和空间，让其发挥自己的潜力，只有这样才能保证员工能大展拳脚并最终赢得员工的拥戴。作为一个管理者，要学会用授权去调动每一名下属的积极性，让他们每一个人都能发挥最大的能量。

北大管理理念认为，人的创造力与迸发力往往是基于较少的束缚基础上。员工需要一定的空间和自由，如果管理者处处"指手画脚"，反倒会使他们变得越来越消极，责任心也减弱，产生逆反心理。作为一个管理者，你可以给下属描绘一个蓝图，至于怎么去完成任务，就让下属以自己喜欢的方式去解决吧。

对于管理者来说，在给自己手下的员工分配了工作任务之后，还不等人家完成就又亲自动手，这是一个致命的错误。任何一名成功的领导者在管理中都必须遵循这样一个原则，那就是授权给自己的下属时，一定要给下属更多的自由和空间。

1990 年，Sun 公司的软件工程师格罗夫·阿诺德对工作感到厌倦，对 Sun 的开发环境感到不满，决定离开 Sun 公司去别的公司工作。他向约翰递交了辞呈。本来对于 Sun 这样一个人才济济的公司来讲，走一两个人是无足轻重的，但是约翰敏感地意识到了公司内部可能存在着某种隐患。于是他请求格罗夫写出他对公司不满的原因，并提出解决办法。当时，格罗夫抱着"反正我要走了，无所谓"的想法，大胆地指出 Sun 公司的不足之处，他认为 Sun 公司的长处是它的开发能力，公司应该以技术取胜，他建议 Sun 在技术领域锐意进取，应该使当时 100 多人的 Windows 系统小组中的大多数人解脱出来，这封信在 Sun 公司内引起了很大的反响。约翰通过电子邮件将这封信发送给了许多 Sun 的顶层软件工程师，很快格罗夫的电子信箱就塞满了回信，这些信件都来自于支持他关于公司现状的评述的同事。

在格罗夫即将离开 Sun 公司的那一天，约翰向他提出了一个更具诱惑力的条件，即成立一个由高级软件开发人员组成的小组，给予该小组充分的自主权，让他们做自己想做的事情，只有一个要求：一定要有惊世之作。于是就诞生了一个代号为"绿色"的小组，这个小组的致力方向是，开发一种新的代号为"橡树"的编程语言，该语言基本上根植于 C＋之上，但是被简化得异常小巧，以适于具有不同内存的各种机器。

后来，Sun 将"绿色"小组转变成为一个完全自主的公司。经过调查研究，公司决定角逐似乎正在脱颖而出的交互电视市场，但是这次努力却以失败告终。面对失败，约翰不是解散公司，而是鼓励他们继续完善这种语言，他坚信这种语言一定会不同凡响。于是，Internet 发展史上的里程碑，富于传奇色彩的

Java 就这样诞生了。它成了约翰的最新法宝。

每一个员工都是有很大的才能、潜力和创造性，但大多数都处于休眠状态。当领导者授权给员工后，只要求员工拿出最好的结果，就是要求激发员工的潜力。

值得注意的是，当管理者授权与下属开展工作的时候，对下属提供相应的帮助和指导是必需的。

聪明的领导，总是给下属提供自由的工作环境和广阔的施展空间。聪明的领导，在把任务交给下属以后，就不再去干涉他们。管理者可以选择在恰当的时候与下属一起商讨最佳的解决问题的方案、最优的做好工作的方法，但是他们绝不会替下属去决定该如何处理交给他们的事情。

第五章　制度管理课：
谁说了算——慢慢形成"规矩说了算"

管理难题：法治还是人治

> 严格的制度是企业赖以生存的基础。

——李彦宏

在百度食堂，迟来的李彦宏依然要站在一边等座位；没有人会主动站起来让座，更没有人点头哈腰。百度员工彼此是平等的，规则是必须尊重的。

很多企业管理者总搞不清一个问题，人治好，还是法治好？很多管理者基本上都是讲法治，可是回到实践层面基本上还是人治。

比较华人企业与大型跨国公司，我们会发现，华人企业是领袖中心型企业，跨国公司是制度中心型企业。华人的企业大都是企业家比企业有名，如企业家李嘉诚。但外国公司往往是企业比企业家更知名，如可口可乐。这是"重人不重制度，人治大于法治"在企业文化中的一个反映。

人治的问题并不在于任何领导者都可能犯错误，而在于人治无法作为一个长期治理的手段，无法保证制度、政策的稳定性和可预期性，在于领导人是否真的或总是具有那么多的智慧和贤德。尤其在现代的高度分工的社会中。

关于用制度管理比人治更具合理性，从以下的这个案例中或许能得到启发。

18 世纪，英国政府为了开发新占领的殖民地——澳大利亚，决定将已经判刑的囚犯运往澳大利亚。从英国运送到澳大利亚的船运工作由私人船主承包，政府支付长途运输费用。据英国历史学家查理·巴特森写的《犯人船》记载，1790—1792 年间，私人船主运送犯人到澳大利亚的 26 艘船共 4082 人，死亡 498 人，死亡率很高。其中有一艘名为海神号的船，424 个犯人死了 158 个人。英国政府不仅经济上损失巨大，而且在道义上受到社会的强烈谴责。

对此，英国政府实施一种新制度以解决问题。政府不再按上船时运送的囚犯人数支付船主费用，而是按下船时实际到达澳大利亚的囚犯人数付费。新制度立竿见影，据《犯人船》记载，1793 年，3 艘新制度下的船到达澳大利亚后，422 名罪犯只有 1 人死于途中。此后，英国政府对这些制度继续改进，如果罪犯健康良好还给船主发奖金。这样，罪犯的死亡率下降到 1‰ 左右。

合理的制度具有重大作用。"没有规矩，不成方圆"，制度在维护经济秩序方面起着重要作用。

首先，制度可以避免人们在生活交往过程中的不可预见行为。所谓不可预见行为，指某个人在某件事结束以后，不清楚下一步将会发生什么。有了制度以后，下一步该干什么已经清清楚楚。

其次，制度能规避机会主义行为。那些不遵守规则的人，因为制度的不健全，专门钻空子牟取暴利，这就是典型的机会主义行为。

企业界有句名言："制度大于总经理。"一套规章制度的出台，既能给人以警示作用，又能使犯规者得到应有的惩戒。如果不讲"法制"只讲"人治"，规章制度的权威性就会受到质疑和贬低。在执行规章制度方面必须从严，这样才能体现规章制度的严肃性，又能使他人引以为戒。

良好的企业制度才能够保证企业的持续发展。不少企业管理者把企业的发展寄托于一个"有本事""有魅力"的企业领袖身上，以为是人在其中起着决定性的作用，但是事实上起作用的是企业制度。

改革开放以来，国内涌现了一批知名企业和企业家，企业家或因杰出的才能、非凡的人格魅力，或因"时势造英雄"而成为企业的绝对主宰和精神领袖，并且企业还乐于渲染个人权威、塑造个人英雄。"一人身系天下安危"，这种脆弱的人治直接影响企业长远、稳定的后续发展。

管理学家罗宾斯指出，当组织开始制度化后，它就有了自己的生命力，独立于组织建立者和任何组织成员之外。它具有稳定性和连续性，不会因为领导的更换而发生变化。

对一个企业组织来说，有一个个人魅力强的领导是好事，但要把这种好事延续下去却较难。一位企业的管理者曾说："为什么我们第一代企业领导人一旦退休，或者突然发生意外的时候，这个企业就垮了？原因就在这里，它没有制度化。因而，只有为企业建立了一种制度的企业家才能算是成功的企业家。比如说美国，一提就提到开国之父华盛顿，他制定了美国宪法和民主的选举制度。他的伟大在这里，而不在于他是开国总统。实际上对企业来说，成功关键在制度。就是我不在，公司还能很好地发展下去，这才是最大的成功。所以在我在世的时候，还健康的时候，我就要疏离它。我是创始人，如果我现在还离不开，反而有问题，所以，像我去登山应该完全是作为管理学上面的一个正面的例子来进行肯定。"

不管是谁当领导，都能将公司经营好，这才是持久的管理。怎样才能做到呢？这就需要制定相应的制度，按照相应的制度办事。

台塑集团创办人王永庆，他学历不高，但他深知企业制度的重要性。从建立台塑到带领台塑走上商业巅峰，他一步一个脚印地建立和完善着企业的制度。如今，台塑集团已经成为世界闻名的大型企业。令人称奇的是，在屡次经济波动中，台塑都没有受到多大影响，一直保持着稳健的增长。作为一个巨大的实业帝国，能够在经济波动乃至经济危机中逆流而上，完善的制度功不可没。

王永庆认为，只要制度完善，就可以克服很多弊端。在王永庆的推进下，台塑建立了完善的制度，涉及企业运营的方方面面，使得台塑人可以做到"人尽其用""人尽其心"。这种制度也保障了在外界环境发生变化的时候，企业仍然能够在既定的轨道上稳健运行。

一个组织的长生不老绝不仅仅依赖于其英雄人物的"超凡卓识"，应在更大程度上依赖于制度体系。没有永远成功的管理者，只有用制度才可以永远地固定下来，并加以传承。

法治的企业可以靠一套制度来纠正个人的错误，即使最高领导人做出了错误的决策，也有一套纠错机制。这样，企业的决策者可以退出，但企业可以依靠制度而长青。任何人都是企业机器上的一个零件，零件坏了可以换，但整部机器仍在正常运行。有很多企业正是靠制度获得了新生。

20世纪80年代起步的康柏公司，在CEO罗德·凯宁的领导下取得了优秀的业绩。他们高质量的手提电脑与高速、大容量的微电脑曾风靡一时。公司成立5年后销售额突破10亿美元。但到了80年代末，电脑开始普及之后，凯宁顽固地坚持高质量、高价格，反对低价、大批量普及的潮流。这时，董事会决策制度发挥作用，撤掉了顽固不化的凯宁，康柏又走向新生。

一个人无论多伟大也不可能不犯错误，人治企业无法消除个人错误引起的恶果，而法治企业有消除这种错误的机制。

当企业形成完整的制度体系后，不仅是企业领导，一般员工的工作也有了延续性。当某员工离开某岗位时，接管其岗位的后来者能够迅速地遵循现有的"制度"展开工作，继续推动工作向前发展。这就是跨国公司职员可以频繁流动或较长时间休假，但公司照样能有效运转的奥秘。

管理者必须重视企业法治的作用，唯有规范的制度，才能最终解决人治情况下的延续性缺失问题。

从心所欲不逾矩——促进员工规则意识的养成

团队也需要制度去约束。

——俞敏洪

北大管理课重视制度的力量。"没有规矩不成方圆"，企业的管理基础不应该是随时、随地、随意由管理者临机处置，无章可循。建立企业管理制度，可以大大降低个人因素影响企业的管理，依靠科学合理的授权、约束和控制，以及对制度适时的调整，使整个企业有效、健康地发展。

企业是一个团队的组合，是各种不同人的组合，而每个人都有自己的思想和行为。但是团队需要有自己的愿景和目标，需要尽量避免个人的思想和行为，要求整体步调一致，所以纪律的约束不能缺少。

在每个企业的建立之初，管理者首要做的就是指定明确的纪律规范，为企业画出规矩方圆。制度也包括很多层面：财务条例、保密条例、纪律条例、奖惩制度、组织条例等，这些规章制度有利于员工促成规则意识的养成。

90后员工钟浩然，大学毕业后他很顺利地到一家科技公司做市场销售的工作。本来是一份前景很乐观的工作，钟浩然却因为细节上出了一些问题，和老板、同事的关系弄得非常紧张，令他沮丧万分。

上班时，钟浩然无视制度的规定，依旧左边口袋里揣着PSP，右边口袋里揣着手机，讲起电话来没完没了，云山雾罩，唾沫星子乱飞，玩起游戏也是不分场合。

一天，钟浩然正在打电话，讲到高兴处，忍俊不禁，哈哈大笑，被下来检查工作的上司逮了个正着，看到他的样子，上司当场就发火了，于是勒令他遵照公司的制度办事，不要在上班时间随意接打私人电话，影响其他同事的工作，并且给他一道选择题，如果保留他的随性，就请另谋高就；如果要继续为公司服务，就请剪掉他"漠视制度"的小尾巴。

在企业中，有些员工不懂"规矩"，不断挑战公司制度的底线，扰乱工作秩序，导致团队工作效率下降。

看看已经有百年历史的 IBM、花旗银行、默克制药等企业我们可以发现，有规矩的企业才能有机会成为真正的百年老店。再往前追溯，中国古代军事家孙武就懂得"立规矩"的重要性。

春秋时代，孙武去见吴王阖闾，吴王问他能不能训练女兵，孙武说："可以。"于是吴王便拨了一百多位宫女给他。孙武把宫女编成两队，用吴王最宠爱的两个妃子为队长，然后把一些军事的基本动作教给她们，并告诫她们还要遵守军令，不可违背。

不料孙武开始发令时，宫女们觉得好玩，都一个个笑了起来。孙武以为自己话没说清楚，便重复一遍，等第二次再发令，宫女们还是只顾嬉笑。这次孙武生气了，便下令把队长拖去斩首，理由是队长领导无方。

吴王听说要斩他的爱妃，急忙向他求情，但是孙武说："大王既然已经把她们交给我来训练，我就必须依照军队的规定来管理她们，任何人违犯了军令都该接受处分，这是没有例外的。"结果还是把两位队长给杀了。

宫女们见孙武的纪律严明，都吓得脸色发白。第三次发令，没有一个人敢再笑了。训练也终有所成。

规矩是什么？规矩有什么用？用直白的话说，规矩就是个大染缸，告诉员工如何做，什么该做，什么不该做。防止员工办错事，同时惩罚办错事的人。

美国通用电气前 CEO 杰克·韦尔奇当年立推"六西格玛管理"，张瑞敏发怒砸掉了不合格的冰箱，这其实都是在立规矩。规矩立起来了，大家就有了准则，有了行动的标杆。从更深的层次讲，企业之间的竞争实际上也是规矩之争，作为制定规矩的企业领导者来说，谁的胸怀和气度大，谁能立起有效的规矩，谁的企业才能随之长久和伟大！

那么，如何使企业制度文化与企业的生产经营实际相"融合"，如何使规则意识在员工中生根开花，得到他们的认同呢？在让员工接受企业的"规矩"，注重把制度与员工的日常工作结合起来，而不是挂在墙上的纸张，让价值观融入企业的日常作息中，才能让制度充分发挥作用，为企业发展和员工成长提供能量。

按制度办事：不要动不动就"例外"

制度一旦制定，任何人都要严格执行，没有例外。

——北大管理理念

汉代有一位名叫丙吉的宰相。有一次他外出巡视，路人打架发生伤亡，有人拦轿喊冤。丙吉问明缘由后却绕道而行。后来看见一头牛在路边不断地喘气，他却立即停下来，刨根究底，仔细询问。随从的人觉得很奇怪，问为什么人命关天的事情他不理会，却如此关心牛的喘气。

丙吉说，打架斗殴，由地方官吏负责，我不能越权处理。天尚未热，而牛喘气异常，就可能发生了牛瘟或是其他的有关民生疾苦的问题，这些事情地方官吏一般又往往不太注意，因此我要查问清楚。

这则故事有很多耐人深思的地方。打架伤亡事件由专门的律法来管理，因为这些例行事件的处理大都制度化、流程化，并由专门的机构负责处理。相反，"牛喘气"作为一种偶发性例外事件，缺乏制度化、程序化的解决方式，就容易被忽视而造成严重的后果。

丙吉这种放手流程内和例行性事件、专注流程外和例外事件的管理思想，对企业的管理者有着很深的启示。

北大管理理念认为，制度是企业管理的基础和保证。因此，制度一旦制定下来就必须严格遵守，否则企业就会成为一盘"散沙"，危及企业的生存。

1946年，日本战败后，松下公司面临极大困境。为了渡过难关，松下幸之助定下严格的考勤制度，要求全体员工不迟到、不请假。

然而不久，松下本人迟到了10分钟。本来，松下上下班都是由公司的汽车接送的，当天，他早早赶往车站等车，可是左等右等，却不见车来。看看时间差不多了，他只好乘上电车，刚上电车，就看到公司的车来了，便又从电车下来换乘汽车。由于耽误了时间，到达时整整迟到了10分钟！原来是司机班的主管督促不力，司机又睡过了头，所以晚接了松下10分钟。

按照制度规定，迟到要受批评、处罚的，松下认为必须严厉处理此事。

首先，以不忠于职守的理由，给司机以减薪的处分。接着，其直接主管、间接主管，也因监督不力受到处分，为此共处理了8个人。

此外，松下认为对此事负最后责任的，还是作为最高领导的社长——他自己，于是他对自己实行了最重的处罚，退还了全月的薪金。

仅仅迟到了10分钟，就处理了这么多人，连自己也不饶过，此事深刻地教育了松下公司的全体员工，在日本企业界也引起了很大震动。

企业管理中，必须做到有制度可依，同时做到有制度必依。制度的制定不是给人看，而是让人遵守的。一旦制定，组织中的任何成员都必须受到这个制度的约束，这样才能发挥制度的作用。

言教再多也不如身教有效。若想让员工遵守制度，前提是管理者首先要管好自己，为员工们树立一个良好的榜样。行为有时比语言更重要，领导的力量往往不是由语言，而是由行为动作体现出来的，管理者的表率作用尤为重要。

制度不仅仅让员工的行为有了底线规范，更让管理变得简单、公正。因此，管理者要做好制度的建立者，更要做好制度的守护者与执行者，这样才能确保制度的执行对企业经营起到持续的正面作用。

制度多是一些硬性规定，一旦遇到特殊的情况，就无法处理了。但是，中国是例外最多的国家，甚至管理者本身也常犯"例外"性的错误。只要指定了制度，任何人都应该在按制度办事。

曹操带兵出去打仗的时候，看到麦田里的麦子长势很好，于是下令：大家注意，不要踩到麦田，哪一个人踩踏麦田，斩！刚刚讲完，他的马就踩倒一大片麦苗。

怎么办？当时曹操就拿起刀来，所有的人都跪下去求情："千万不可以。"曹操坚持认为，自己发布的命令，一定要遵照。大家又赶紧求情："绝对不行！绝对不行！"那怎么办呢，于是曹操"割发代首"。

身为管理者，在执行制度的同时，注意自己的行为举止，自己不要搞"例外"，否则将在下属面前失去威信，这将给自身的管理工作增加难度。

管理者在制定及执行制度的过程中要遵守 3 个原则：

（1）要保证制度的严肃性和连续性。朝令夕改会使制度失去效力，流于形式，因此，一个好的企业制度要保证不因企业管理者的改变而改变，不因管理者与被管理者关系的亲疏而改变。

（2）制度要随客观环境的变化而不断改进、修订和完善。制度不可能一成不变，一劳永逸，而必须与时俱进。

（3）所有制度必须依据人的本性，便于执行。企业的制度要尽可能少，制度越少，员工重视的程度就越高。制度要简单易懂，要对每一条款都进行解释，以免造成误解，要尽可能吸收员工参与制度的制定。

建章立制，坚决做到"对事不对人"

"对事不对人"的精髓在于注重成果、尊重规则。

——北大管理理念

不少管理者都会遇到这样的两难问题："我有一名下属，他是骨干员工，但他明显做错了工作，我想批评他，但他受不了不干了怎么办？但如果不进行批评，以后他或其他的同事犯同样的错误怎么办？我怎么解决这个两难问题？"

解决难题最好的办法，就是为你的企业建章立制，处理同类问题"对事不对人"。

"对事不对人"要求管理者把有限的精力聚焦在事情和结果上，不谈论当事人的能力与个性。由此，企业需要两方面的支撑：其一是企业要建立完善和健全的制度和标准体系；其二是管理者能根据制度与标准，客观评价员工的工作成果。

某公司的管理制度比较松懈，公司开会时常常有人迟到。这一天公司又开管理会，前面有两位与会者迟到了，经理没有吭声，后来第三个迟到的人来了，经理实在忍不住了，把他训了一通。第三个迟到的人后来了解到他并不是唯一迟到的人，对经理很不满意，觉得经理对他有偏见并找他当面说理。经理说"我是对事不对人"，但这位员工说："为什么你只批评我，而对前面迟到的两个人都没有责骂呢?"

这位经理犯的错误是没有一个统一的标准，只批评了最后一个迟到的人，确实没有做到一视同仁。这种批评者认为自己对事不对人，但被批评者认为别人就是和他过不去的现象非常普遍，原因就是当事人没有统一按标准，或者公司没有统一的标准。比如，如果公司规定"凡迟到者一律罚款 10 元"，然后按制度执行，谁都不会否认这个标准的"对事不对人"。

对于制度层面上的管理工作应该一视同仁，比如考勤制度，规定所有员工八点半上班，管你财务部还是人事部的人都不例外，但是对于市场部可能有不能一刀切，我们也知道外勤人员有时出差，可能半夜才到家，你就不能强求第二天准时上班，这就要有一定的弹性，但是这属于特殊管理，而不是双重标准，双重标准是指针对通过一个问题采用不同标准，就比如两个业务员都是出差，到深夜两点才回家，第二天都是 10 点才到公司报道，你不能一个不算迟到一个算迟到，这就是标准不一了。

因此，一个企业组织不应该出台两个相互矛盾的制度标准，也不应该在制定制度后采用不同的实施标准。管理制度的最重要的目的之一是体现公平性，按制度办事，就是要做到"对事不对人"。

我们不妨来看看李彦宏是怎样"对事不对人"的。

时值 2002 年，百度正处于快速发展中。当时，负责人阿 D 几乎天天都盯着百度服务器，因为每天承受的访问压力已经接近服务器极限，如果访问人数再增加，就会导致百度独立网站的服务不稳定，严重影响到用户的搜索体验。恰恰这个时候，销售部门新谈成了一个门户网站，希望马上使用百度的搜索引擎服务。

阿 D 虽然知道这个服务不应该上，因为新服务很可能成为压垮百度服务器的"最后一根稻草"。但最后因为种种原因，阿

D没能坚持到底，新服务还是上线了。结果，连续两天，百度网站的服务稳定性很差，用户在提出搜索请求时经常得不到正常的搜索结果，新服务不得不紧急下线。

阿D惴惴不安了好几天，已经做好了挨批评的准备，他明白，以李彦宏的个性是容不得这么大的纰漏的。李彦宏确实对这件事很在意，但是在例会上，他并没有对任何人发脾气，而是平静且认真地对阿D说："你的职责就是保证百度的服务可依赖，所以这次事故你有很大的责任，要好好反思。"但他接着说，"现在最关键的是怎么解决这个问题，赶紧讨论一下。"阿D说出了自己准备好的解决方案，李彦宏很认真地听着，时而点点头，他觉得这个想法考虑得很全面，然后很投入地和他一起讨论起其中的细节来。

李彦宏谈完事情后，邀请阿D周末一起参加娱乐活动，阿D心头原本重重的乌云渐渐散去。他完全能感觉到只是这件事情没有做到，李彦宏对他本人并没有怀有成见。

优秀的企业管理者懂得利用企业制度的重要性，他们依据企业的制度，不会将过错都归到某个员工身上，他们处理问题完全能做到"对事不对人"，而员工也能理解并支持管理者的这种做法。

管理制度一定是对事不对人，即一视同仁，要"制度面前人人平等"。

制度的基础：建立适合企业的组织架构

组织架构是企业赖以存在的骨架，是其他制度制定的基础，也是命令得以传达的渠道。

——北大管理理念

任何企业的建立，首先面临的是组织架构问题。建立一个完整的组织架构本身即为一种管理程序，在任何有效的管理制度中，是绝对不可或缺的一环。

从19世纪的工业文明开始，德国的马克斯·韦伯的传统官僚式组织方式成为组织架构的传统方式，聚焦于组织内部的制度与流程架构。随着产品与服务的日益丰富，市场作为与组织同时并存的要素，逐步被更多的组织所关注。美国奥利弗·威廉姆森基于交易成本的管理理论，使得组织的创新将更多的精力放在产品革新和服务优化方面。而20世纪80年代组织文化的兴起，让更多的企业开始专注于通过组织内部成员的能力培养来持续提升组织的绩效，因此，那时的组织创新焦点是通过员工成长和能力素质提升，获取组织创新的原动力。随着信息革命的历史车轮，将组织带入一个变化与革新的新时代，组织面临的内外部环境不再是可预测的稳定格局。

组织架构一般有以下几种形式：

1. 直线型组织制度

直线型组织制度是最早、最简单的一种组织制度形式。这种组织制度把职务按垂直系统直线排列，各级管理者对所属下级拥有直接的一切职权，组织中每一个人只能向一个直接上级报告，即"一个人，一个头儿"。它的优点是：各级领导对下属单位是唯一的行政负责人，保证了统一的领导和指挥，各职能部门对下一级组织在业务上负有指导的权力和责任，这样能充分发挥各职能部门的积极作用，让其直接参与管理、参与领导。但这种权力分配方式也有不足，如各职能部门在某一下级单位开展工作时发生的矛盾和冲突，就无法自己解决等。

2. 职能型组织制度

这种组织制度内部除了直线管理者外还相应设立一些组织机构，分担某些职能管理的业务。这些职能机构有权在自己的业务范围内，向下级下达命令和指示。下级直线管理者除了接受上级直线管理者的制度管理外，还必须接受上级各职能机构的制度管理。

3. 直线参谋型组织制度

直线参谋型组织制度结合了以上两种结构形式的优点，设置了两套系统。一套是按命令统一原则组织的指挥系统；另一套是按专业化原则组织的制度管理职能系统。直线部门和人员在自己的职责范围内有决定权，对其所属下级的工作实行指挥和命令，并负全部责任，而职能部门和人员仅是直线管理者的参谋。只能对下级机构提供建议和业务指导，没有指挥和命令的权力。

4. 直线职能参谋型组织制度

结合了直线参谋组织制度和职能型组织制度的优点，在坚持直线指挥的前提下，充分发挥职能部门的作用，直线管理者在某些特殊任务上授予某些职能部门一定的权力，例如决策权、协调权、控制权等。

5. 事业部制组织制度

事业部制组织制度在总公司制度管理下设立多个事业部，各事业部有各自独立的产品和市场，实行独立核算，在经营制度管理上拥有自主性和独立性。这种组织制度"集中决策，分散经营"，即总公司集中决策，事业部独立经营。

6. 矩阵型组织制度

把职能划分的部门和按产品（或项目，或服务等）划分部门结合起来组成一个矩阵，使同一员工既与职能部门保持制度管理与业务上的联系，又参加产品或项目小组的工作。为了完成一定的制度管理目标，每个小组都设负责人，在组织的最高领导直接管理下工作。

7. 多维立体型组织制度

多维立体型组织制度是矩阵组织制度形式和事业部组织制度形式的综合发展。

其中按产品（项目或服务）划分的部门（事业部），是产品利润中心；按职能如市场研究、生产、技术、质量制度管理等划分的专业参谋机构，是职能的利润中心；按地区划分制度管理机构，是地区利润中心。

8. 多种标准的综合应用

我们若深究每一个成功大型公司的整个团队系统，将可发现上述几种分组标准应用于不同层次的公司中，而中小型的公司，也可能使用两种或三种标准，所以若把公司团队形态硬是划分单纯的"直线型"或"职能型"，并不能表达完整的意义，至多只能说明某一层次或某一公司的背后标准而已。

减肥，实现扁平化

当管理层次减少而管理幅度增加时，金字塔状的组织形式就被"压缩"成扁平状的组织形式。

——北大管理理念

在传统管理模式之下，当组织规模扩大，而管理幅度又有其极限，管理层次就会逐步增加。那些大型跨国公司的员工人数可达几十万人，管理层次就更多了。

如何解决层级结构的组织形式在现代环境下面临的难题？北大管理理念认同，最有效的办法就是对组织减肥，实现管理幅度的扁平化。

管理幅度理论认为，一个管理者由于精力、知识、能力、经验的限制，所能管理的下属人数是有限的。随着下属人数的增加，可能存在的相互人际关系数将呈指数增加，信息量和管理难度也是如此，当下属人数增加到一定程度，就超越了管理者所能有效管理的范围。而且越往高层，一个管理者所能有效管理的下属越少。

通常，基层管理者能有效管理的下属不超过 15～20 人，中层管理者能有效管理的下属不超过 10 人，高层管理者能有效管理的下属不超过 7 人。

当企业规模扩大时，原来的有效办法是增加管理层次，而现在的有效办法是增加管理幅度。扁平化得以推行的原因，一是分权管理成为一种普遍趋势，二是企业快速适应市场变化的需要，三是现代信息技术的发展，特别是计算机管理信息系统的出现，使传统的管理幅度理论不再有效。

原 MCI 电信公司总裁麦高文每隔半年召集新聘的经理开会时会说："我知道你们当中有些人是从商学院毕业，而且已经开始在绘制组织机构一览表，还为各种工作程序撰写了指导手册。我一旦发现谁这么干，就立即把他解雇。"

其实，麦高文意在明确表达这样一种观点：每一位员工包括高级管理人员都不要为了工作而相互制造更多的工作。恰恰相反，他会鼓励每一个人对每一个工作岗位及每个管理层次提出质疑，看看它是不是真的需要被设立。比如，两个管理层次是否可以合并？每个职务的价值是否超过它的费用？这个职位的存在是否是在制造不需要的工作，而不是对生产有益？如果回答为"是"，那就合并或精简它。

麦高文认为，公司每增加一个管理层，实际上就是把处在最底层的人员与处在最高层的人员之间的交流又人为地隔开了一层，所以 MCI 公司力求避免这种情况。由于精简了管理层次，MCI 公司上上下下沟通畅捷、有效，每个人都在努力地做最有价值的工作，因而整个公司变得富有生气和积极性，公司的效率大大提高。

其实，不仅仅是 MCI 公司，其他一些管理完善、极富效率的优秀公司也都曾为此努力过，它们的特点大都是人员精干、管理层次少。比如，埃默森公司、施伦伯格公司、达纳公司的年营业额都在 3～6 亿美元，而每个公司总部的员工都不超过100 人。这些公司都明白，只要安排得当，5 个层次的管理当然要比 15 个层次的管理要好。

以产品销售渠道的扁平化为例，传统的销售渠道是多层次批发，渠道层次多、环节多、渠道长，渠道链上的经销商数目呈指数级数发散，这是一种典型的层级结构组织形式。但当前大多数优秀企业已经摒弃了这种渠道形式，而代之以扁平化的渠道形式。

实施扁平化趋势表现在：渠道层级减少，渠道缩短，而渠道宽度大大增加。扁平化销售渠道最显著的特点，一是渠道直营化；二是渠道短宽化。

简化管理层次，鼓励人们减少不必要的工作，是优化管理的核心。管理层次减少表现为一种扁平化组织结构，这种结构具有更多的优越性，主要体现在以下 4 个方面：

1. 决策效率的提高

管理层次越少，高层领导和管理人员指导与沟通相对紧密，工作视野比较宽广、直观，容易把握市场经营机会，使管理决策快速准确。

2. 组织体制精简高效

减少管理层次必然要精简机构，特别是一些不适应市场要求、能被计算机简化或替代的部门与岗位。

3. 节约管理费用

管理层次减少，人员精简，加上发挥计算机辅助与替代功能，实现办公无纸化、信息传输与处理网络化，可以大幅减少办公费用及其他管理费用。

4. 利于管理人才

组织层次减少，一般管理人员的业务权限和责任必然放大，可以调动下属的工作积极性、主动性和创造性，增强使命感和责任感，也有利于培养下属独立自主开展工作的能力，造就一大批管理人才。

制度不完善，滋生"潜规则"

如果企业的制度不完善，则会让企业滋生"潜规则"，让企业成为"潜规则"的温床。

——北大管理理念

企业在运行过程中，逐步形成自己独特的符合一定企业运行规律的行为模式，这就是企业制度。可以说，企业制度是企业行为模式的沉淀，是一种稳定化和合理化的秩序。制度具有重要的作用。

在制度面前，人人都应遵守。制度存在的意义，是使企业行为可以预期，比如过马路，我们要制定交通规则，车在左边，人在右边，如果没有这个规则，你走在大街上就没有安全感，车祸也会接踵而至，而有了这个制度，就可以正常运行。制度的另外一个重要意义，是对于企业长远利益的保障。

"潜规则"指的是明文规定的背后往往隐藏着一套不明说的规矩，一种可以称为内部章程的东西。"潜规则"之初主要是谈社会中存在的一些"陋规"，如鲁迅先生所说，"藏在皮袍下面的东西"，是社会中一种看不见、摸不着，行之有效、但摆不上桌面的行为方式。

在很多企业中，"潜规则"大行其道，是制度、管理安排不合理等方面的原因，造成某项工作出现真空现象，使管理的有序反而变成无序，造成极大浪费。一般来说，主要有以下几种情况：

（1）有章不循造成的无序。有很多管理者把规章制度当成约束他人的守则，没有自律意识，不以身作则，不按制度进行管理考核，不仅影响了其他员工的积极性和创造性，还会降低整体工作效率和质量。

（2）业务流程的无序。这是由于通常考虑以本部门为中心，而较少以工作为中心，不是部门支持流程，而是要求流程围绕部门转，从而导致流程的混乱，工作无法顺利完成。

（3）协调不力造成的无序。职责不清，处于部门间的断层。部门之间的工作缺乏协作精神和交流意识，彼此都在观望，认为应该由对方部门负责，结果工作没人管，原来的小问题也被拖成了大问题。

（4）业务能力低下造成的无序。比如出现部门和人员变更时，工作交接不力，协作不到位，因能力不够而导致工作混乱无序，人为地增加了从"无序"恢复到"有序"的时间。

北大管理课认为，制度的不完善，使潜规则的存在变得合理。任何一个企业中，制度都不可能完全正确和完善，当制度不能发挥有效作用的时候，潜规则就会凸现，起到实际的调节作用；而企业发展是一个动态的过程，不可能用一种规则去应付，纵使是制度，也是在变化之中。可以说，规则总是落后于企业的发展，在新的规则还没有建立的时候，潜规则就闪亮登场。

没有规矩，不成方圆。法律和规则是社会运行的基石，也是企业赢利的根本，规章制度松懈，执行力度不够，是一个问题的两个方面。这都直接破坏了企业的正常运行，助长了员工偷工减料、懒散松懈的工作作风。因此，每一个企业的管理者，尤其是一线的执行者，都应该着力培养自己的规则意识和法制意识。须知，良好的规章制度和执行到底的作风是企业发展和赢利的基本保证。

企业制度必须与时俱进，确保制度的切实可行

企业与企业环境总是会随着时间的推移而不断发展变化，企业制度也需要适应这个变化，才能发挥作用。

——北大管理理念

人们总是习惯于用现成的、熟悉的方法去解答形形色色、层出不穷的问题，这样一来就很容易形成思维定式，禁锢人的思想。但在实际生活当中，情况瞬息万变，新问题不断出现，我们不可能用一个固定的模式去应付所有的问题。

管理者必须时刻注意企业的规章制度，发现不切实际或不合情理的要及时纠正。好的规章制度，必然是不断修改不断完善的。

规章制度制定的目的是对一些暧昧不明的事项定出一个明确的标准。因此，它的时间性很强，同时也是为适应时代的大环境而定出来的，因而绝不是千古不变的定律，当时代、环境发生了变化，规章制度本身也必然要随之变化。

有的企业各种规章制度倒是不少，但就是"面孔"老了些，有的竟是十几年前制定的，仔细看看内容，显然已经时过境迁，没有什么针对性了。应该根据实际情况制定相应的规章制度，以确保良好的秩序和预期的效果。因此，根据变化了的情况进行积极的调整、变动和完善，使企业的制度不再"刻舟求剑"。

制度要顺应变化，这也要求管理者在企业管理上要具有灵活性。以下的一则故事在 20 世纪 60 年代的美国企业界流传很广。

"有一个不擅指挥、无能的中尉获得了一项最高荣誉。原因就是来自一条规则，这条规则说，如部队中有任何官兵在军事演习中获得了最高成绩，则中尉便可获得最高荣誉。"

这项规则在当初制定时，肯定是出于某种特殊的原因。但过上一段日子再执行起来，自然就显得有点儿迂腐，因此才会产生无能长官接受褒奖的情形。

不难看出，这则故事对于那些墨守成规的管理者有一定的借鉴作用。总而言之，一套完善的规章制度是一个管理者管理人才、使用人才的法宝。

一个有经验的管理者应善于用制度管理他的下属。但也应尽量避免把制度僵化，或过于迷信制度。

设定制度的动因是为了目标的实现，这才是第一位的，而具体的规定则要让位这一原则，否则就违背了制度的初衷。要想有效确保目标的实现，就需要对不合适的制度进行调整，使管理的灵活性与制度的刚性完美地结合起来。

然而，不少行业，其规定都有需要改进完善之处。无论制定什么样的规章制度，事前都要详细了解实际形态、整理分析各类问题，而后制定规则，这样才有意义。若徒具冠冕堂皇的条文，而与现实情形背道而驰，则无异于一纸空文。

企业规章制度的建立、制定是随着生产的发展，企业的进步不断改变的，而不应该是一成不变的。在过去的生产规模、生产条件下，某项规章制度可能是很完善的，但由于要适应新的形势及新的生产经营方式，许多旧的规则可能会因此而出现各种各样的漏洞，变得不合时宜，这时就要求领导者要及早废止，另谋改善，加以合理性的补充或是重新建立新的符合时宜的规章制度。千万不要故步自封，否则，此项规章将会随着时日的变迁而脱离现实，最终影响事业的发展。

死守是制度的坟墓。只有活着的规章制度才有意义。再好的规章制度也是从出台的那一天就开始在老化，因为一个组织和它的成员是随着时间的推移而不断发展变化的，规章制度只有适应这个变化，才能发挥好作用。

规章制度具有时间性与时代性。规章制度也是适应时代、环境而定出来的，因此它绝非千古不变的定律。当社会发展变化、环境变迁以后，以往的规章制度必然也会失去其合理性。因此，如何使企业的规定切合实际的需要，这是管理者最重要的一项工作。

制定规章制度一定要灵活，随时间、环境的变化而变化，不可一成不变，尤其是具体的执行制度，如果用几百年前的方法去管理现在的企业，那企业只会走向灭亡。

因此，管理者必须时刻注意组织的规章制度，发现不切实际或不合情理的要及时纠正。管理者必须时时检查企业订立的各项规章制度，是否有不合情理或不切实际之处，一旦发现问题，就应拿出魄力来加以改革。

但是，需要说明的一点，企业制度要与时俱进，并不意味着"朝令夕改"，规章制度不可改得太勤，这样只会让员工对企业的管理失去信心，让企业管理失去了标准。

第六章　激励管理课：
滋润员工心灵，"在让利中学会分享"

保健因素和激励因素：激励的重要作用

人是最复杂的，管人也是最难的。人是千差万别的，每个人是不同的，有的人更看重钱，有的人会看重未来的发展，有的人追求满意。

——李玲
（北京大学教授）

哈佛大学教授詹姆士曾在一篇研究报告中指出，实行计时工资的员工仅发挥 20%～30% 的能力。而如果给予充分激励时，员工的能力可发挥至 80%～90%，是前者的 3～4 倍。由此可见，适时激励所产生的绩效是巨大的。管理者必须懂得运用激励理论，增强激励效果。

美国行为科学家赫茨伯格提出激励保健因素理论，也称为双因素理论。该理论认为，引起人们工作动机的因素主要有两个：一是保健因素，二是激励因素。只有激励因素才能够给人们带来满意感，而保健因素只能消除人们的不满，但不会带来满意感。

具体来说，保健因素是指造成员工不满的因素。保健因素不能得到满足，则易使员工产生不满情绪、消极怠工，甚至引起罢工等对抗行为，但在保健因素得到一定程度改善以后，再进行其他方面的改善往往很难使员工感到满意，因此也就难以再由此激发员工的工作积极性。公司的政策、行政管理、监督、工作条件、薪水、地位等因素的改善，能解除员工的不满情绪，故这种因素称为保健因素。研究表明，如果保健因素不能得到满足，往往会使员工产生不满、消极怠工，甚至引起罢工等对抗行为。

激励因素是指能造成员工感到满意的因素。激励因素的改善能够极大地激发员工工作的热情，提高劳动生产效率。使员工感到非常满意的因素，主要是工作富有成就感，工作本身带有挑战性，工作的成绩能够得到社会的认可，以及职务上的责任感和职业上能够得到发展和成长，等等。这些因素的满足，能够极大地激发员工的热情，对于员工的行为动机具有积极的促进作用，它常常是一个管理者调动员工积极性，提高劳动生产效率的好办法。

很多管理者认为自己手中的权力有限，特别是在物质奖励方面，管理者一般都没有最终的决定权。他们往往认为自己很难对员工实施激励，其实，在有限可利用资源的前提下，管理者能够利用双因素中的激励因素对成员进行适当激励，也能有效提升团队士气。

合理运用激励对于管理者来说并不是简单的事。管理者在制定和实施激励时，应该注意以下的原则，才能达到激励的效果。

（1）肯定员工及其工作的价值。管理者首先应肯定员工及其工作的价值。重视员工，发现员工的能力，使员工得以充分发挥才能，对员工来说本身就是一种有效的激励。

（2）激励要因人而异。由于不同员工的需求不同，相同的激励措施起到的激励效果也不尽相同。即便是同一位员工，在不同的时间或环境下，也会有不同的需求。在制定和实施激励措施时，管理者要调查清楚每个员工真正需要什么，然后利用自己手中的权力制定相应的激励措施。

　　为了激励员工更好地完成工作目标，某企业发布了一项奖励措施：年终工作业绩靠前的 200 位同事，将奖励一次到黄山旅游的机会。这项措施对参加旅游的 A、B、C 三人身上产生了不同的效果。

　　A 从来没有去过黄山，并且一直很想去黄山旅游，听到这项措施后非常高兴。公司的奖励措施令他大为振奋，并下定决心要在今后的工作中加倍努力。

　　B 虽然以前去过黄山，不过已经是很多年前了。此次听到自己可以去黄山去旅游时，心情还是非常高兴。在工作上，他表现得比已经更尽心尽力一些了。

　　C 是一个年轻的员工，去年刚结婚，并且选择度蜜月的地点就是安徽的"两山一湖"。他听到今年再去黄山旅游时，他并不兴奋。当然，在工作上，他还是和以往一样按部就班。

　　(3) 信赖员工。通常被信赖的员工都会心甘情愿地为信任他们的上司赴汤蹈火。作为管理者，要在行动、言辞上处处表现出自己信赖员工的诚意。

　　(4) 奖惩适度。奖励和惩罚会直接影响激励效果。奖励过重容易使员工产生骄傲和满足的情绪，奖励过轻会让员工产生不被重视的感觉，起不到激励的效果。惩罚过重会让员工感到不公，甚至会失去对企业的认同，产生怠工或破坏的情绪，惩罚过轻会让员工轻视错误的严重性，从而可能还会犯同样的错误。

　　(5) 公平对待每个员工。公平性是团队管理中的一个重要原则，任何不公的待遇都会影响员工的工作效率，影响激励效果。取得同等成绩的员工，一定要获得同等层次的奖励。如果做不到这一点，管理者宁可不奖励。

　　(6) 精神激励与物质激励相结合。赞美、表扬、精神上的支持和鼓舞是激发员工斗志必不可少的"催化剂"，如能和奖金、红利等物质上的奖励环环相扣，就更能激发员工的工作热情。

（7）管理学家米切尔·拉伯夫经过多年研究，发现一些管理者常常在奖励不合理的工作行为。他根据这些常犯的错误，总结出应奖励和避免奖励的 10 个方面的工作行为：

①奖励彻底解决问题，而不是只图眼前利益的行动。

②奖励承担风险而不是回避风险的行为。

③奖励善用创造力而不是愚蠢的盲从行为。

④奖励果断的行动而不是光说不练的行为。

⑤奖励多动脑筋而不是一味蛮干。

⑥奖励使事情简化而不是使事情不必要地复杂化。

⑦奖励沉默而有效率的人，而不是喋喋不休者。

⑧奖励有质量的工作，而不是匆忙草率地工作。

⑨奖励忠诚者而不是跳槽者。

⑩奖励团结合作而不是互相对抗。

有激励才有动力，建立企业的激励机制

新东方聚集了各种各样的人才，有的是高学历的"海龟"，有的是不走寻常路的"牛人"和"怪人"。在这种情况下，我在尊重他们的同时，还需要激励他们。

——俞敏洪

在百度成立初期，李彦宏心里就有一个非常坚定的信念，那就要为员工建立一个国际水平的平等期权机制，保证每一个员工都能在公司的发展过程当中，持续地与百度分享成功、分享财富。每一位员工要获得期权，都必须通过非常严格的指标

审核，并且每年都会为员工追加一点份额以作为激励。

他说："一个机制，必然对所有的人都是平等的。这个机制应该是，当时告诉你什么，3 年以后不变，5 年以后不变，10 年20 年之后还是不变，这样你才能获得信誉。这样当我在跟员工承诺的时候，即使有更加优秀的人加入公司，这个承诺也还是有信誉的。"

什么是激励机制呢？一种制度把个人利益与组织整体利益统一起来，让个人在实现自身利益的同时也实现了组织的整体利益，这样的制度就是激励机制。

激励机制就是利用人性，激励现象存在于人们的任何决策和行为之中。就个人而言，根据行为科学理论，只有尚未满足的需要才有激励作用，已经满足的需要只能提供满意感。需要本身并不能产生激励，对满足需要的期望才真正具有激励作用。当我们因为一个小小的成就而尝到甜头，受到激励时，我们会做出相对比较大的成就。激励会使我们在追求成功的道路上产生良性循环，而幸福感就在循环中不知不觉产生了。

一个老年人喜欢安静，他选择住在环境优美的市郊，但有一群孩子每天都到这里来玩，很吵闹。老人很厌烦这些小孩们，不希望自己在如此吵闹的环境中生活，但是如果直接撵他们走，恐怕也达不到他所预期的目标。于是他对孩子们说，你们来陪我，我很高兴，以后我每天给你们一人 5 块钱，孩子们都很高兴。几天后，老人说，以后给不了这么多了，每人只能给 1 块钱，孩子们不太高兴，但也勉强接受了。又过了几天，老人说，以后每天只能给 1 毛钱了。这次孩子们不干了，他们很气愤："这么少的钱，以后再也不来了！"

当老人对小孩们的激励逐渐减少时，小孩们都认为自己的利益已经受到损害，不愿意再陪老人玩了。在这些小孩看来，过来玩是因为有金钱的激励，当激励减少时，他们当然愤愤不平。老人就是成功运用反激励达到了自己的目的。

而在工作过程中，在能力一定的情况下，激励水平的高低将决定其工作成绩的大小。激励具有一种导向性的作用。

老约翰家有只特别聪明的牧羊犬，有一天，牧羊犬叼回一只野兔，约翰大大地表扬了它，给了它一条兔腿作为奖赏。牧羊犬吃着兔腿，尾巴得意地摇了起来。第二天，牧羊犬又叼着一只野兔回来了。约翰非常高兴，心想："我的牧羊犬真是太了不起了！"于是就又给了它一只野兔腿作为奖赏。

但是，奇怪的事情发生了，等晚上羊群回来的时候，约翰数来数去，发现少了一只羊。他心里非常纳闷，想："牧羊犬聪明伶俐，怎么会守不住这几只羊呢？"于是第二天早上他就跟踪了牧羊犬。到了牧场，约翰大吃一惊，他发现牧羊犬压根就不守羊群了，而是直奔森林里去抓野兔。因为没有牧羊犬的看守，狼轻而易举地就叼走了几只羊。约翰火冒三丈，当天晚上就把牧羊犬赶出了家门。

牧羊犬捉野兔，获得了奖励，这使得牧羊犬意识到，捉野兔似乎比守羊更有利可图，于是它自然就不会全心全意地守羊了。但是老约翰奖励的是牧羊犬在守羊的同时还能给自己捉到野味的功劳。如果约翰在奖励牧羊犬时，让它明白它的主要责任是守羊而不是捉野兔，只有羊守好了它才会有奖赏，那它肯定就不会三心二意、舍本逐末了。

很多领导者经常会犯事例中那样的错误。他们本来想鼓励员工做正确的事，但却无意间纵容了错误的行为，忽视甚至惩罚了正确的行为。

有的孩子画了一幅画，父母看见以后很高兴，大大表扬了他，但是却没有告诉他表扬他是因为画的颜色很丰富。那么，孩子不明其中原因，以后就可能会不停地画画，只重数量不重质量，希望再次得到父母的表扬。

在企业里，管理者就好像员工的家长，他要对员工的行为负责。对员工的激励应该像写文章一样，中心思想要明确，激励员工向正确的方向前进。

综合运用多种激励方法是有效提高激励水平的一大法宝。激励机制是否产生了影响，取决于激励方法是否能满足个人的需要。

主要的激励方式包括如下几种：

（1）物质激励。通过满足个人利益的需求来激发人们的积极性与创造性。只对成绩突出者予以奖赏，如果见者有份，既助长了落后者的懒惰，又伤害了优秀者的努力动机，从而失去了激励意义。

（2）精神激励。通过满足个人的自尊、自我发展和自我实现的需要，在较高层次上调动个人的工作积极性。精神激励主要有目标激励、荣誉激励、感情激励、信任激励、尊重激励。

（3）任务激励。让个人肩负起与其才能相适应的重任，由社会提供个人获得成就和发展的机会，满足其事业心与成就感。

（4）数据激励。明显的数据对人产生明显的印象，激发强烈的干劲。数据激励，就是把各人的行为结果用数字对比的形式反映出来，以激励上进，鞭策后进。

（5）强化激励。对良好行为给予肯定，即正强化，使之能继续保持；对不良行为给予否定与惩罚，即负强化，使之能记住教训，不再犯同样的错误。

激励机制对个人的某种符合企业期望的行为具有反复强化、不断增强的作用，在这样的激励机制作用下，企业不断发展壮大，不断成长。

奖励真正解决问题的员工，而非只做表面文章的员工

世界上没有特别能够占便宜的事情。优秀的人才，就要给他足够的待遇。用 30 万元打发能够找到百万年薪工作的人才的想法是很不现实的。事实上，如果给 100 万元的年薪，他能够为企业创造 200 万元的价值，这是很值得的。

——李彦宏

在《韩非子》中就记载了南郭先生"滥竽充数"的故事。

齐宣王爱好音乐，喜欢听人吹竽。每次听乐师吹竽，必定要挑选 300 个乐师一起合奏给他听。南郭先生听说齐宣王爱听合奏，便到齐宣王那里去推荐自己。齐宣王很高兴，以优厚的待遇将他留下来。事实上，南郭先生根本就不会吹竽，每次合奏时，他都是装腔作势。后来齐宣王死了，他的儿子齐湣王继承了王位，但是齐湣王喜欢听乐师独奏。南郭先生听到这个消息，赶紧逃走了。

几千年来，人们一直把南郭先生当作以次充好、以外行充专家的典型，齐宣王实行的是一种平均主义大锅饭制度，激励越来越多的"南郭先生"进入到这个团队中。

北大管理理念认为，激励必须杜绝这种现象，奖励那些真正解决问题的员工，而非只做表面文章的员工。如何才能实现这种激励呢？汽车大王享利·福特采用的效率工资制对我们会有所启示。

20 世纪初的美国，企业最大的问题之一是工人怠工现象严重。尽管有工头在监工，而且处罚严重，一旦发现怠工马上开除。但工人多，工头少，工人怠工的手段千奇百怪，总是防不胜防。这时，福特发明了自动流水装配线。这种新生产工艺，无疑可以大大降低成本，提高效率。但如果工人仍然怠工，自动流水装配线不能正常运行，提高效率也是不可能的事。福特绞尽脑汁想找出一种消除工人怠工的方法。监督是难以奏效的，为什么不换一个角度让工人自己不愿怠工呢？于是福特在 1914 年宣布，把福特汽车公司工人每天的工资由 2.34 美元提高到 5 美元。

2.34 美元是当时汽车工人的市场工资，即由劳动市场上供求关系自发决定的工资水平。在这种工资水平时，企业可以雇用到自己需要的工人，工人可以找到工作。5 美元高于市场工资，称为效率工资，意思是这种高工资能够带来更高的效率。

效率工资如何能带来高效率呢？

首先，这种工资能吸引最好的工人。在实行 2.34 美元的市场工资时，可以招到所需要的工人数量，但不能保证工人的质量。市场上汽车工人的素质并不一样，对工资的最低要求也不同。职业道德好、技术水平高、身体强壮的工人要求的最低工资要高一些，比如说，每天 4 美元；职业道德差、技术水平低、身体不强壮的工人要求的最低工资低，比如说每天 2 美元。当实行每天 2.34 美元的工资标准时，素质好的工人不来应聘，来的都是素质差的工人。但在实行每天 5 美元的工资标准时，素质好与不好的工人都会来应聘。只要用一个简单的测试，就可以把好工人留下。福特公司采用这种效率工资的确吸引了全国各地优秀的汽车工人来应聘。这样，整个工人的素质就大大提高了。

其次，实行效率工资时，工人自动消除了怠工。工人是否怠工同样取决于成本与收益高低。在每天 2.34 美元的工资时，尽管怠工被发现有被开除的风险，但开除并不怕，无非是换一家工厂，再找份同样工资水平的工作而已。开除对工人来说成本几乎为零，工作时休闲的收益大于成本，怠工自然是有市场？在这种情况下，工头再多，处罚再严也是没有作用的？当监督不能成为一种有用的威胁手段时，监督就没用了。但福特公司支付每天 5 美元的工资时，如果被这家公司开除，在其他企业就找不到工资如此之高的工作，这时怠工被开除的风险成本就增加了，理性的经济人当然就不会怠工，并积极工作以能保持这个金饭碗了。

最后，减少了工人的流动性。一般新进厂的工人需要一些必要的培训，以适应本企业的生产特点。培训是有成本的，工人流动性大，增加了培训成本，尤其是一些熟练工人的离去对企业的损失更大。但在市场经济中，工人有自由流动的权力。工人很可能由于各种原因而流动，例如家搬到了离企业远的地方，与工头或其他同事关系不和谐，或者仅仅是工资比较低。当实行效率工资时，工人的流动性相当大，反正各个企业工资一样多，在哪里工作，收入也没什么差别，工人考虑的是其他因素。但当实行效率工资时，流动会使自己失去获得高工资的机会，流动性就大大减少了。

成绩卓越的企业显然更善于奖励那些真正解决问题的员工，从而使他们在团队内部成为大家学习的榜样和目标。

"我们喜欢榜样的力量，因此会寻找一些榜样性质的领导者。"GE亚洲首席教育官说："他们的特点是具有远见、鼓舞人的能力。这些才是（领导者）真正需要传承的榜样精神。"

GE释放榜样优点的最为主要的方式就是奖励领先者。他们成功地采用了绩效测控的方法，在GE的年度考核当中，管理层会针对本年度业绩优秀，以及那些为其他员工做出榜样的员工进行二度考核，提问的问题多是针对个人素质提升和自我管理的，其中的三大经典问题几乎囊括了对于一个人才是否优秀、自信的全部定义：你的优势是什么？你的成就是什么？你还有哪些需要改进的地方？而在此之后，对于高层颇为满意的一批人，GE会毫不吝啬地对他们进行奖励，包括增加薪酬以及分配诱人的股票、期权。

对于优秀的员工而言，他们更为看重的奖励是去克劳顿管理学院进修的机会。从这个学院出来，就意味着在公司可能要承担更为重要的职责。美国《财富》周刊评价GE的企业大学（克劳顿村管理学院）为"美国企业界的哈佛"。每年在克劳顿村培训的高级管理层占GE总领导级别人数的10%，培训是针对管理者之中的高潜质人群所进行的。对于所有的员工而言，通往管理学院的道路只有一条：学习榜样，认真工作，业绩优良，从而实现超越榜样，成为团队里最为优秀的人，以此来敲开管理学院的大门。

与奖励领先者相辅相成的是，针对公司内部的平庸者，一定要采用刺激的手段。因为平庸的员工从来不会感觉有危机感。管理者应该想方设法为员工创造"危机"，让他们"动"起来。

而对企业中那些只做表面文章的人，他们是公司的累赘，他们用极其低下的工作效率拖慢公司发展的步伐。奖励如果用在了这些人身上，只会打击优秀者的积极性。

一般来说，领导奖励时应侧重的是"拙诚"之人，用现在的话来说就是埋头苦干，多做实际工作，不做表面文章的人，那种只做表面文章的人，奖励千万不能用在他们身上。

给员工以挑战，就是对他最大的激励

这个技术不是摆在那儿看的花瓶，而是每天有好几亿的人可以使用的技术。也许毕业不到一年的人写的一个程序就能有上亿的人使用，或者是他改一个算法，就能够影响上千万元的收入。这样的成就感，我想对于每一个技术人员来说都是有吸引力的。

——李彦宏

物质激励很重要，但精神方面的激励同样不可或缺，尤其是巨大的成就感的激励作用不可忽视。李彦宏懂得利用这点。

在马斯洛的需要层次理论中，认为自我实现的需要是最高层次的需要。它主要是指个人的理想、抱负，发挥个人的能力要达到最大的程度，从而完成与自己能力相称的一切事情的需要。

不少人在工作中不是最看重金钱方面的激励，而是更加看重身上的担子。领导让他扛更重的担子，攻克更难的工作目标，反而会激发他们的工作热情，因为，这就是对他最大的激励。

有的领导常跟人诉苦："现在公司里的员工真让人费心，工作一点儿主动性都没有，你必须要不断地提醒他该做这个，不该做那个。一天到晚跑来跑去，真累死人了！"这个领导的遭遇实在令人同情，可这都怪下属？主要问题恐怕还出在领导的工作方法上。

假若在公司中开展一场工作竞赛，事先定好：工作成绩突出的前10名员工可以被评为模范人物。那么员工肯定会加班加点，争先恐后地去工作，根本不用别人监督。因为每个人都希望能进入模范员工的行列。

现在的人们渴望个人进步的心理并不比从前弱，但同时除了名誉上的奖励和称号外，他们希望能通过自己付出汗水的工作能收到实实在在的利益，比如个人能力的提高、生活条件的改善、或是因此而产生的有利于社会的效益等等。

所以，当你为下属讲明这次工作的重要意义，最后将获得的效益以及如果该项工作出现失误将会给整个公司带来损失，等等，让下属们感到自己所从事的是一项很有意义的工作，而且责任重大，这样他们自然而然地会对工作产生兴趣，并会充满热情和干劲地投入进去。

每个人都有自尊心，也有被尊重的欲望。运用这种心理，可以充分调动下属的积极性，在竞争中展示自己的价值。

有个炼钢车间，任务总是完成得不好，厂长为了让工人更好地完成任务，便下到该车间与工人一起加班，有厂长在，工作效率自然比平时要高。临下班时，厂长问一当班的工人："我们今天炼了几炉？""6炉。"工人回答道。于是厂长要了支粉笔，在车间的地面上写了一个大大的"6"字。夜班工人接班后，见这个"6"字便问怎么回事，日班工人不无自豪地说："这是我们今天的工作成绩，是厂长替我们写的。"夜班工人听后非常不服气，憋足劲非要超过白班工人不可。第二天，白班工人接班时，见地上写了个大大的"7"字。白班工人也激起了比赛浪潮，到下班时，郑重地写下了一个特大的"10"字。炼钢车间的任务在工人自觉的竞争中顺利完成了。

利用自尊、好胜心理激发竞争意识，调动其积极性，比说教、劝解效果要好得多。无独有偶，一位美国老板采用一种激励办法，给予员工一种荣誉，从而发挥了员工的积极性。

美国一家纺织厂原来准备给工人买一些价格较高的新椅，放在工作台上休息。这本是件普普通通的福利设施，但老板一动脑筋，竟变成了激励机制。工厂规定：如果任何人超过了每小时的工作定额，则在一个月内赢得椅子。颁发椅子的方式也很特别，老板将椅子拿到办公室，请获奖的工人坐在椅子上，然后，在大家的掌声中，老板将他推回车间。这种"僧多粥少"的椅子，便成为工人竞争的目标，保住它和抢到它都是一种荣誉的象征。

摆一个擂台，让下属分别上台较量一番，谁赢了谁就得奖赏。为了获得奖赏，下属往往会使出很大的力气，以求击败对手，在上司面前逞能。

给员工以挑战，这是最有效的激励精神，在于"有本事就来拿"。拿到的人当然很高兴，拿不到的人也不应该怪别人，最好再充实自己，以便下一次顺利拿到。巧妙地构建一个让下属互相竞争的平台，使他们自动自发地释放自己的工作潜能，你会发现，管理下属原来就是那么轻松简单。

在公司中，如果能让每个下属都充满挑战性是最好不过的，但这需要领导者的管理智慧。

摘到金苹果——保证优秀员工能顺利"晋级"

为员工提供晋升机会，可以促进员工提升个人素质和能力，充分调动全体员工的主动性和积极性，并在公司内部营造公平、公正、公开的竞争机制，但在提供晋升机会的同时，要注意规范公司员工的晋升、晋级工作流程。

——李彦宏

晋升机制是对企业管理者和员工的一种良好激励，实施得好，能形成良好激励氛围，提升个人和团队的业绩，留住企业的优秀员工。

晋升激励是企业领导将员工从低一级的职位提升到新的更高的职务，同时赋予与新职务一致的责、权、利的过程。晋升是一种重要的激励措施。企业职务晋升制度有两大功能，一是选拔、保留精英人才，二是提高员工的工作积极性。

将企业内部业绩突出和能力较高的员工加以晋升是一种十分常见的激励方式。这种方式提供的激励包括工资和地位的上升、待遇的改善、名誉的提高以及进一步晋升或外部选择机会的增加。晋升提供的激励是长期的，这样可以鼓励企业员工长期为企业效力。

人都有交往和受到尊重的需要，头衔往往有利于满足这种需要。因此，晋升体系要充分地应用这一工具。

F公司是一家生产电信产品的公司。在创业初期，依靠一批志同道合的朋友，大家不怕苦不怕累，从早到晚拼命干。公司发展迅速，几年之后，员工由原来的十几人发展到几百人，业务收入由原来的每月十来万发展到每月上千万。企业大了，人也多了，管理者明显感觉到，大家的工作积极性越来越低，也越来越计较。

管理者想，公司发展了，应该考虑提高员工的待遇，一方面是对老员工为公司辛勤工作的回报，另一方面是吸引高素质人才加盟公司的需要。为此，F公司重新制定了报酬制度，大幅度提高了员工的工资，并且对办公环境进行了重新装修。

高薪的效果立竿见影，F公司很快就聚集了一大批有才华有能力的人。所有的员工都很满意，大家的热情高涨，工作十分卖力，公司的精神面貌也焕然一新。但这种好势头不到两个月，大家又慢慢回复到懒洋洋、慢吞吞的状态。

F公司的高工资没有换来员工工作的高效率，公司领导陷入两难的困惑境地，既苦恼又彷徨不知所措。

很多企业把钱作为唯一的激励手段，在一些老板的意识里，花高价钱就能打动人才的心。实际上，我们也要注重人才的精神需求。当物质充足了，人才要求被尊重、独立决策的精神需求就增强了。头衔的改变就是最直接的精神奖励。

现代企业都很重视对员工的晋升，但实施得不好就会破坏团队气氛，影响员工工作情绪，并有可能产生破坏性工作。比如人才职位晋升后，却无法胜任新岗位，工作绩效下降了；或者人才职位晋升后，发现没有合适的人来顶替原来的岗位。这就说明了企业对人才晋升的机制没有做好，那么企业应如何设定有效的人才晋升机制呢？看看松下公司给我们的启示。

松下幸之助有句名言说：松下首先是制造人才的企业，然后才是制造电器。松下完备的晋升制度里尤其注重4点：

（1）资质审查。晋升者资质审查和接替岗位培养资质审查，确保晋升者有能力完成更高岗位的工作，同时也保障后来者有能力顶替上来。

（2）晋升培训。员工或管理者要想晋升，必须接受系统化的培训计划，只有通过培训考核合格才能上岗。

（3）晋升周期。除特殊情况外，一般水平的管理者晋升，都必须岗位工作满一年后才可以晋升，同时晋升后考察期必须在1～3个月。

（4）责、权、利的统一。晋升到新岗位后，岗位职责不一样、权限不一样、报酬不一样，充分考虑对晋升者的激励。另外，职位的晋升也同薪酬做了有效的匹配，确保激励有效。

松下完整的人才晋升链条确保了人才晋升前后工作绩效的提升，让人才发挥最大潜能。

现代企业应建立晋升机制，引入适度竞争。如果企业工作效率低，可在短期提拔几位精英人才，让员工感觉到差距的存在，同时让他们产生危机感，如果落后就有可能失去工作。以此消除员工的惰性，激发企业内部活力。

最后，企业经营者在制定晋升规则时还要注意以下 4 点：

（1）"阶梯晋升"和"破格提拔"相结合。"阶梯晋升"是对大多数员工而言，这种晋升的方法可避免盲目性，准确度高，便于激励多数员工。但对非常之才、特殊之才则应破格提拔，使稀有的杰出人才不致流失。

（2）机会均等。人力资源经理要使员工有晋升之路，即对管理人员要实行公开招聘，公平竞争，唯才是举，不唯学历，不唯资历，只有这样才能真正激发员工的上进心。

（3）德才兼备，德和才二者不可偏废。企业不能打着"用能人"的旗号，重用和晋升一些才高德寡的员工，这样做势必会在员工中造成不良影响，从而打击员工的积极性。因此企业经营者对第一点提到的"破格提拔"要特别小心，破格提拔的一定是具有特殊才能的公司不可或缺的人才，他的德才要能服众。避免其他员工对晋升产生"暗箱操作"或者遭遇"潜规则"的误会。

（4）建立公司人才储备库。企业人力资源部门应定期统计分析公司各单位的人员结构，建立公司人才储备库。依据员工绩效考核结果和日常考察情况，筛选出各层级的核心、优秀、后备人才，对各专业、各层次的人才做到有计划开发，适当储备，合理流动，量才使用，并以此指导公司的培训、引才、留才的工作。

赏不逾时：把握激励的及时原则

激励越及时，越有利于将人们的激情推向高潮，使其创造力连续有效地发挥出来。

——北大管理理念

古人提倡"赏不逾时",这就说明及时激励的核心是一个"快"字,激励只有及时才能使人们立刻意识到做好事的利益或做坏事的恶果,所以给人奖赏不能错过好的时机,"雪中送炭"和"雨后送伞"的效果是不一样的。

企业以追求效益最大化为目的,而员工业绩的最大化本身就是企业效益最大化的基础,因此管理者必须把握激励的及时原则,以使员工业绩最大化。

在饭店工作的小马发现,每个到饭店就餐的人都对桌子上的瓜子非常感兴趣。不管是否喜欢吃,反正他们一坐下就开始抓起瓜子,一粒接一粒地磕起来。即使中途出去接电话或者上厕所,回来还是很自然抓起瓜子磕。

这到底是为什么呢?小马为了这个问题去请教心理学专家。心理学专家对此解释是:"每嗑开一颗瓜子,人们马上就会享受到一粒香香的瓜子仁,这是对嗑瓜子的人即时的回报,在这种即时回报的激励下,人们不停地去嗑下一颗瓜子。另外,开始嗑瓜子后,不一会儿就有一堆瓜子皮产生,这会使人们产生比较明显的成就感。

这个案例对企业管理具有相当的警示作用。作为一名企业管理者,如果有办法能让他的员工像嗑瓜子一样愉快地完成工作,那么他无疑是成功的。管理者应该懂得,对于员工每一次完成任务都应该给予及时的激励。也就是说在员工完成任务以后,第一是要激励,第二是要马上激励。

如果下属连续两次吃到坏瓜子(不为领导重视,或者不能获得奖励),那么,下属肯定不愿意再嗑瓜子了。如果你的某个下属这个月的任务完成得很好,那么你就应该按照制度当月兑现你给予他的奖金承诺,不要拖到下个月或者下下个月,更不能闭口不谈兑现奖金的事。否则员工的工作热情会因为出色的工作表现而没有得到上司的及时肯定或者奖励而衰退。

福克斯波罗是美国的一家专门生产高技术产品的公司，如一些精密仪器设备等。有一次，技术改造上碰到了一个难题。公司内很多人都束手无策，公司总裁也很苦恼。一天晚上，当总裁为此冥思苦想时，一位科学家闯进总裁办公室告诉他有了解决办法，接着详细地说给总裁听，总裁觉得很有道理，便想立即给予这位科学家奖励。

可是他在抽屉中翻找了好久，只找到一个香蕉，于是他只好把这个香蕉给了这位科学家。他说，这是他当时所能找到的唯一奖品了，科学家为此十分感动。因为这表示他所取得的成果得到了领导的认可。从此以后，该公司对攻克重大技术难题的技术人员，总是授予一只金制香蕉形别针。

总裁在没有别的东西做奖品的情况下，用一个香蕉作为奖品，这也是对员工的认可和激励。行为和肯定性激励的适时性表现为它的及时性。当事人的行为在适当的时候受到肯定后，有利于他继续重复所希望出现的行为。也让其他人看到领导是可信赖的，从而激起大家工作的热情，争相努力，以获得肯定性的奖赏。

北大管理理念认为，激励的作用往往是瞬间的，表扬要及时。一旦发现你的员工表现出色，要立即予以表扬，不要等到年末总结时再做，不要"秋后算账"，让员工能在被激励中更加鼓起干劲。管理者要具有一双善于发现的眼睛，他们往往可以一周内就发现员工至少一项工作出色之处，并予以表扬。在这样经年累月的表扬下，员工的表现愈发出色，整个团队愈发创造佳绩。

有位国外名将认为，在战斗中表现突出的部队，应给予迅速表彰，奖励可以立即进行，向媒体宣布；随后再办理文书工作,不能因为各种报表的填写而造成时间上的延误,致使激励的效果减到最低,那种认为"有了成绩跑不了,年终算账晚不了"的想法和做法,只能使奖励本有的激励作用随着时机的延误而丧失,造成奖励走过场的结局。

海尔集团总裁张瑞敏曾经讲过一个开年终总结会的例子,他说:"比如今天下午开会,那么中午的时候就一定要把奖金给大家发了,下午的会才会开得有效果。如果某个员工工作很出色,应该给其加薪或者予以奖励,结果拖了半年才真正兑现,虽然花了钱,也起不到应有的激励作用。"

激励标准适度就能使激励对象乐此不疲,反之,如果激励对象的行为太容易达到被奖励和被处罚的界限,那么,这套激励方法就会使激励对象失去兴趣,达不到激励的目的。所以,管理者切记:激励一定要及时,千万不能等到秋后算账。

不吝啬赞扬,最大限度地鼓舞士气

赞美是最有效的激励手段之一。

——北大管理理念

北大重视赞扬的力量。当管理者希望激励下属员工提高工作效率时,他需要做的事情很简单,就是赞扬他。因为,赞扬是达到这一目的最行之有效的办法。人人都有得到别人承认、信任、重视和赏识的渴望,受人重视、被人赞扬的愿望,已成为人们内心最强有力的动力。

北大管理理念认为,赞扬的影响常常是出乎意料的深远。其实很多人不仅仅是为了薪水而工作,他们更希望得到企业的重视。而对他们最有价值、最有力的赞美就是经常告诉他们:"我为你感到骄傲。"

任何人都不喜欢处于被动地位。赞扬为何有如此功效?因为，赞扬一个人意味着尊敬。重视称赞，可最大限度地鼓舞人的士气和精神，提高他的被重视感和工作热情，释放一个人身上潜在的能量。有实验结果表明，当管理者公开赞扬下属时，他们的工作效率能提高90%，私下赞扬虽不及公开赞扬效果好，但工作效率仍可提高75%。

尽管如此，仍有不少管理者不了解如此显而易见的事。他们认为，使用赞扬会使人自高自大，认为过多的称赞会使下属变得随便。所以，他们各啬于他们的赞扬，只会使用命令和督促的口气催人办事，鞭策别人，认为这不但很有效果，自身还可以产生一种威严感。其实，任何人都不会欣赏如此下命令的人。反之，如果管理者使用赞扬，特别是正面赞扬，夸他在某些方面比别人更出色或更能发挥作用时，他一定会充满信心，更加主动地做好事情。

心理学家威廉姆·杰尔士说："人性最深切的需求就是渴望别人的欣赏。"优秀的管理者要巧妙地运用赞美激励你的员工。管理者希望下属具有怎样的优点，就要怎样地去赞美他。

赞美能够使员工树立自信、提高工作热情，并且可以进一步提高工作的效率。作为管理者，对于这种不需要成本而效果明显的激励"武器"，为什么不经常使用呢？人的天性就喜欢听好话、受赞美。

每个人在得到来自他人的认可及赞美时，都会感到自尊心和荣誉感上的满足。而听到别人对自己的赞赏，并感到愉悦和鼓舞时，不免会对说话者产生亲切感，从而使彼此之间的心理距离缩短、靠近。人与人之间的融洽关系就是从这里开始的。

日本有关部门总结了日本战后迅速发展的原因，他们认为："日本国民的最大优点是，对外人不停地鞠躬，不停地说好话。善于发现他人的长处，善于赞美别人是日本迅速繁荣的一个重要原因。"

很多时候，如果没有赞美，我们便很少会主动为自己设太高的目标，而有了赞美、有了鼓励，为了不辜负别人的欣赏与肯定，我们更加严格要求自己、全力以赴地做好眼前的工作。由此可见，赞美也是一门艺术，管理者要理解好员工的动机和需求，给予员工恰到好处的赞美是企业付酬最低，却能换回效果最佳的方式之一。

有管理者深感赞扬一个人很困难，他们抱怨没有在下属身上发现值得赞扬的"闪光点"。其实，每个员工都是一块闪亮的金子，只要管理者愿意睁大双眼，就能很容易地在每个人身上找到值得赞扬的地方。

有人说，赞扬本身就是一门艺术。事实的确如此，管理者赞扬员工并非一定要给予壮志凌云般的鼓励，但一定要注意表扬下属的技巧：

（1）表扬要具体，不要含糊其辞。表扬本来是激发热情的有效方法，但有时运用不适宜则会使下级反感。因此，管理者在谈话中表扬下属应斟酌词句，要明确具体。

（2）表扬应抓住时机。管理者与下级的谈话中能把握住有利时机去表扬对方，其效果可能是事半功倍，而失掉有利时机，其效果则可能是事倍功半。

（3）表扬要实事求是。对于一位管理者来说，要做到实事求是论功行善，首先必须把握公正这一原则。不管是谁，只要他出色地完成了一项工作甚至仅仅提供了一条有创意的思路，都应该受到表扬。

（4）表扬要放下"架子"。放下"架子"表扬下属可以用谦虚、真诚的姿态来表现，还可以把自己置于次要的位置、突出下属，表达自己的下属的赞扬之情。

（5）表扬要有实际行动。管理者对下属的长处和优点表示赏识和肯定，仅凭表扬的话是不够的，还要求关心和体贴下属，让人觉得他在充分地表达对人才的尊重。

（6）表扬可以借人之口。借人之口表扬人，其中微妙的心理不仅让下属感到惊奇，更会令其陶醉在表扬的高超技术中。

（7）多表扬对方才华。每个人总是对自己的才华十分关注，多表扬他独特的才华，会产生激励的效果。

（8）赞美别人的前途和未来。赞美下属的前途和未来，应该要结合下属具体的奋斗目标。不过这种赞扬不宜太具体，并且要加一定的附加条件，如"通过努力，你一定可以成为公司的明星员工"。

不过值得注意的是，管理者对下属的赞扬有一大忌，那就是切勿掉进"奉承"这一既虚假又无价值的陷阱里。诚恳地去赞扬员工，会激发员工的超强战斗力。

让"狼"奋不顾身是有办法的——让利益与效益挂钩

让员工的利益与自己所创造的效益挂钩，这是一种有效的激励方法。

——北大管理理念

给员工提供相应的奖励计划，将会给员工们添加"活力"，并且使企业的凝聚力增加，竞争力提高；反之，如果没有相关的奖励计划，则会损耗企业的竞争力。

员工利益应与企业经营状况挂钩。两者的关系应该成正比。即经营状况不好，不能多发；经营状况好，则不应少发。这样，可以让员工感觉到个人利益和企业利益是一致的，必须和企业同甘苦、共命运。只有通过大家的努力，企业效益上去了，个人才会得益。切忌颠倒上述关系。

有一家外资企业，经营状况相当好，年度创利大增，而且还有不少新的拓展计划，但是在年终发"红包"时，总额比上年减少一半。据说是年终银根紧，方方面面都要结账，新的拓展计划又占用了不少资金，所以要求大家咬紧牙关。当"红包"

发下去以后，员工们反应很强烈，他们直观地认为"经营越好、奖金越少""企业越发展、员工越倒霉"。这一减少，离散了员工和企业的关系，大家马上产生一系列想法：还要不要努力工作？是不是该跳槽了？结果，该企业春节后不少员工在外面找方向，仅一个月内销售部就有 4 名员工辞职。

从北大管理理念中，奖金数额要有一个合理标准。公平，并不意味着不分职位的高低。在企业中职位有高低，这是企业赖以正常运作的组织结构所定。职位的高低，取决于个人能力及对企业的作用大小，由此在企业中权力和所负的责任也不一样。企业视职位高低给以不同的报酬，是公平的，也是大家所认同的。这也是企业的价值观之一。

有一个企业的老总，让财务总监搞一个"红包"发放方案，结果搞出一个不分职位的平均奖。并且公平到以出勤天数计算，让所有员工出乎意料地和主管、经理们平等了一次，这在员工中自然是一片叫好之声。但是主管、经理们都目瞪口呆，搞不清是怎么回事，企业的价值观由此而被毁。后来企业遭遇危机，中层干部有的推卸责任，有的隔岸观火，只剩下老总带着二三个亲信东奔西走，到处救火，叫苦不迭。

无疑，让下属充满干劲，一定要采用利益与效益挂钩的方式。"世界第一 CEO"杰克·韦奇说："我的经营理论是要让每个人都能感觉到自己的贡献，这种贡献看得见、摸得着，还能数得清。"

著名的思科公司非常重视用奖励机制来留住人才。在设置薪酬时，思科会进行全面的市场调查，确定员工的底薪不是业界最高的，这样，既不会造成企业运营成本过高，也不会因低于行业标准而影响员工的积极性。

调动员工更大积极性的是思科丰富多样的奖金，思科希望员工的收入能够与其业绩更多地挂钩，于是他们以奖金来激励员工。思科的薪酬设置大约分为 3 部分：销售奖金（销售人员）、公司整体业绩奖金（非销售人员）、期权（全体员工）。

思科还设有名为"CAP"的现金奖励，金额从 250～1000 美元不等。一个具有杰出贡献的思科员工，可以由提名来争取奖励。一旦确认，这名员工就可以及时拿到这笔现金奖励。另外，每季度的部门最佳员工都会有国内旅游的机会。

当员工完成了某项工作时，最需要得到的是相应的肯定。所以，作为领导不要吝啬你的利益，让员工的利益与效益挂钩，就能激励员工随时处于亢奋状态，做起事来事半功倍。

第七章 执行力管理课：
大多数时候，人们不知道干什么

把信交给加西亚——管理呼唤优秀执行力

员工没有执行力企业就没有战斗力，没有执行力一切都是空谈。

——北大管理理念

美西战争爆发以后，美国必须马上与西班牙反抗军首领加西亚将军取得联系。加西亚将军隐藏在古巴辽阔的崇山峻岭中——没有人知道确切的地点，因而无法送信给他。但是，美国总统必须要尽快地与他建立合作关系。怎么办呢？

有人对总统推荐说："有一个名叫罗文的人，如果有人能找到加西亚将军，那个人一定就是他。"

于是，他们将罗文找来，交给他一封信——写给加西亚的信。关于那个名叫罗文的人如何拿了信，将它装进一个油纸袋里，打封，吊在胸口藏好；如何在3个星期之后，徒步穿越一个危机四伏的国家，将信交到加西亚手上——这些细节都不是我想说明的，我要强调的重点是：

美国总统将一封写给加西亚的信交给了罗文，罗文接过信后，并没有问："他在哪里？"

像罗文这样的人，我们应该为他塑造一座不朽的雕像，放在每一所大学里。年轻人所需要的不仅仅是学习书本上的知识，也不仅仅是聆听他人的种种教诲，而是更需要一种敬业精神，对上级的托付立即采取行动，全心全意去完成任务——"把信送给加西亚"。

上文节选自《致加西亚的信》，这本小册子出版 100 年来，全球销售逾 8 亿册，这个送信的传奇故事在全世界广为流传，"罗文"作为优秀执行者的形象深入人心。

北大光华管理学院的授课理念指出，多数企业，战略或决策都以失败告终，最常见的原因是执行的欠缺。GE 前 CEO 杰克·韦尔奇说："管理者的执行力决定公司组织的执行力，个人的执行力则是个人成功的关键！关注执行力就是关注企业和个人的成功。"美国前总统艾森豪威尔说："任何语言都是苍白的，你唯一需要的就是执行，一个行动胜过一打计划。"

执行力引起了全球有识之士的持续关注。正因为如此，管理者都在努力寻找坚决服从、尽职尽责、追求结果的卓越执行者。罗文就是这样的人。

接到任务后，不折不扣去执行，排除万难完成工作，这是一名员工完美的执行能力的高度体现，企业需要的就是像罗文这样的执行者。

世界上最成功的企业无一不是拥有着不折不扣的执行者，所有优秀的企业都致力于打造一支具有强大执行力的队伍和组织。只有拥有了强大执行力的人，组织才能拥有强大的执行力。企业需要执行力，其实需要的就是执行的人，需要不折不扣的优秀执行者。

海尔的杨绵绵、联想的马雪征、华为的孙亚芳、海信的于淑珉……没有他们坚定不移地贯彻和执行，张瑞敏、柳传志、任正非、周厚健这些决策者的宏图战略就不能转化成为企业发展的巨大力量。他们用自己的能力为企业带来发展，也让自己的事业和人生达到常人难以企及的高度。管理者需要不断提升员工的执行力，让他们成为那个"把信送给加西亚"的人。

如果没有人将管理者的意图不折不扣地执行下去、贯彻下去，管理工作会陷入停滞，不可能让管理者自己去执行。企业的生存和发展离不开优秀的执行者。当前，执行力已经被越来越多的企业所重视。

在今天的企业里，有很多的领导在为找不到优秀的执行者而感到烦恼，他们最大的心愿是希望自己的下属成为"罗文"式的员工。那么，具备优秀执行者的基本素质和条件是什么呢？

1. 态度方面：没有任何借口

当麦金利总统把给加西亚的信交给罗文时，罗文没有问加西亚将军在什么地方，也没有问寻找加西亚将军的途径，甚至没有要路费，因为即使问了也没用，谁也不知道加西亚在哪儿，不知道他是否活着。罗文只是肩负着一个任务，一个目标——把信送给加西亚，就上路了。他越过千山万水、历尽千辛万苦、想尽千方百计，最后出色地完成了任务——把信送给了加西亚。

员工要在接到任务时，不是问为什么，而是努力想尽一切方法去完成任务。

2. 能力方面：手段专业化

当罗文接过信之后，把它装进一个油布制的袋里，打封，吊在胸口……这一系列动作正是一个送信员的专业操作手段，充分体现了罗文完成工作时所具备的专业技能。

在企业中，具有良好态度的人确实有，但是往往由于缺乏专业化手段的操作，最后不能出色地执行任务。因此，企业要提高员工的执行力，就必须加强对员工专业技能和专业化操作手段的培养，这是成功的必经之路。

3. 结果方面：须提供满意答卷

企业管理一定要以任务倾向为主导，关键是要看员工完成任务，交出完满的答卷的情况，这就是实践是检验真理的唯一标准。

现代企业需要的执行者，不仅是那些无论老板是否在办公室都努力工作的人，更是那些能够把信交给加西亚的人。他们静静地把信拿去，不顾一切地把信送到，而不会提出任何愚笨的问题，也不会存心随手把信丢进水沟里。这种人永远不会被"解雇"，因为他们永远是企业最需要的人才。

细化执行的标准，科学考察执行的效果

　　管理者对执行的标准必须做到清楚、明了、准确、量化，这样才能保证执行的结果。

——北大管理理念

　　美国通用电气公司（GE）在全球拥有30多万员工，在100多个国家经营着几十种业务。在GE的年度报告里有这样的荣耀之词：我们能够做到，所有的战略只要一提出来，一个月内就能落到实处，并且能在第一个循环内（GE一般是一年一个循环）获得较好的财务效果。GE取得这样优异的成绩，跟全球30多万员工的优秀执行是分不开的。

　　"不论你是哈佛大学的高才生，不论你有多么出色的计划，一旦进入GE，我们只关注你的成绩，只关注你做了多少，每个员工都必须认识到这一点。从现在开始，衡量一个人的标准是他在GE的成绩，一个人的表现比他提出的好意见更重要。"

　　GE有一套非常成功的人力资源评估系统：每年，他们都要求每一家分公司对组织中的人进行分类排序，必须区分出"在组织中，哪些人是属于执行最好的20%，哪些人是属于中间的70%，哪些人是属于最差的10%。如果他们的团队有20个人，那么我们要知道，20%中最好的4个和10%中最差的2个都是谁，包括姓名、职位和薪金待遇。表现最差的员工必须走人"。

　　如今企业和个人所面对的问题，并不是不重视执行的问题，而是怎样才能有效执行的问题。知易行难，管理者如何才能强

化执行力管理呢？

执行的过程往往是漫长的，在执行过程中如果管控不严密，很容易偏离目标。执行标准既是执行者参考的依据，又是鞭策执行者的手段。优秀的执行需具备一定的标准，具体来说，必须符合以下条件。

1. 及时

是工作成果在时限上的要求。要在规定的时间内完成任务，不允许无故拖延，如果能够提前，当然最好不过了。

执行首先需要时间方面的量化标准，我们应该规定什么事情从什么时候开始实施，在什么时间必须完成。就像航空公司的飞行时刻表一样，什么航班在什么时间从什么地点起飞，于什么时间在什么机场降落，必须规定得一清二楚。没有这种标准，飞行员就不知道什么时间该起飞，什么时间该降落，飞行的速度如何掌握和控制。任何工作都是如此，有了时间的标准，执行者才会有明确的开始和完成的概念，才能主动地掌握和控制执行速度与节奏。缺乏时间标准，往往导致事情一拖再拖，有的甚至不了了之，毫无结果。

时间标准要依据每一件事情的轻重缓急和重要程度来考虑，时间的限制是执行的一个首要标准，没有时间的标准就无法保证执行的效率和速度。

2. 保质保量

保质，是工作成果在品质上的要求。成果至少不低于标准值，不允许"假冒伪劣、以次充好"。保量，是工作成果在数量上的要求。至少要达到规定的数量，不允许"偷工减料、缺斤短两"。

质量标准是执行过程中的重中之重，因为它直接关系到执行的结果。当然执行的结果和时间也有一定的关系。质量标准就是要制定每一项工作完成的效果指标或合格指标。任何工作都不是完成了就行，而是要保质保量地完成，至少要达到规定的合格标准，才算是真正的完成。比如企业，如果质量上马虎，即使用最短的时间产出再多的产品，也是次品，不仅卖不出去还浪费了成本。又比如文员，打字的速度虽然快，但打印的文件总是错字连篇、漏洞百出，即使速度再快也不能算有执行力。

执行的标准定得清楚、用得恰当，将大大促进和改善执行力。缺乏这些标准的参照和鞭策、控制，执行力将会因失控而流失。能及时、按质、按量地完成工作任务，这样执行力就强，反之，执行力就弱。

在大学课堂上，教授向学生们讲这样一个案例：

老板叫员工去买复印纸，员工立刻去执行。不一会儿，员工买了几十页复印纸回来。老板很生气："这一叠复印纸，怎么够？我至少要三摞。"员工第二天就去买了三摞复印纸回来。老板一看，又很生气："你怎么买了 B5 纸，我要的是 A4 纸。"员工过了几天，买了三摞 A4 复印纸回来，老板还是很生气："怎么买了一个星期才买好？"员工回道："你又没有说什么时候要。"

买复印纸这么简单的事情，员工跑了三趟，老板生了三次气。老板会摇头叹道，员工的执行力太差了！员工心里会说，老板能力欠缺，连个任务都交代不清楚，只会支使下属白忙活！

问题出在哪呢？出在执行的标准上！

拿"买复印纸"的例子来说：老板让员工买复印纸（尽快买至少三摞 A4 复印纸），员工先是买了几十页（实际要求至少三摞）复印纸，没有按量完成；后来，买了三摞 B5 纸（实际要求 A4 纸）回来，没有按质完成；终于买回了三摞 A4 复印纸（却是在一个星期后），没有按时完成。

这样的执行是失败的。员工为什么在执行的过程中对任务的质、量和完成时间都打了折扣？根本的原因在于没有将执行此次任务的标准理解透彻。去买复印纸之前，应该先去相关部门了解一下平时都用什么类型的纸，一般一次采购要多少，然后再行动。

应该注意的是，时间、质量、数量等标准的制定并不等于达到执行的目的，关键是通过标准实现有效执行，员工以标准规范为工作的准绳，及时、按质、按量地完成工作指标，从而提升自己的执行力。

一个优秀的员工在执行时，让执行合乎及时、保质、保量的标准，经常会运用到5W2H法。用五个以W开头的英语单词和两个以H开头的英语单词进行设问，明确任务是什么、怎么做、何时完成、由谁负责、做到什么程度等一系列问题：

（1）WHY——为什么？为什么要这么做？理由何在？原因是什么？

（2）WHAT——是什么？目的是什么？做什么工作？

（3）WHERE——何处？在哪里做？从哪里入手？

（4）WHEN——何时？什么时间完成？什么时机最适宜？

（5）WHO——谁？由谁来承担？谁来完成？谁负责？

（6）HOW——怎么做？如何提高效率？如何实施？方法怎样？

（7）HOW MUCH——多少？做到什么程度？数量如何？质量水平如何？费用产出如何？

在明确了这些问题之后，开始着手制订具体的实施方案和计划，按部就班地去实施。优秀执行者的执行力正体现于此，服从命令、立即行动、及时、保质、保量地完成，这也是所有的优秀执行者身上最关键的特质。

执行不打折：明确管理角色与执行角色

作为管理者，首先要明确自己的角色，明确自己执行的具体位置。

——北大管理理念

在一个企业组织中，不同的人扮演不同的角色。执行角色就是落实中的人，用什么样的人来执行什么样的工作，把什么样的人放在什么样的位置上。

在企业中，从管理者的纵向结构上可以分为三个层次：高层管理者、中层管理者、基层管理者。

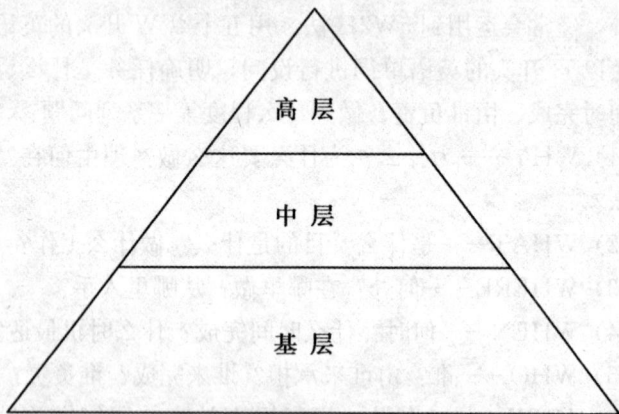

企业管理人员的金字塔结构

企业管理者的执行角色可以分为高层管理者、中层管理者、基层管理者三个层次予以观察。联想总裁柳传志曾说："高层要有事业心，中层要有上进心，基层要有责任心。"

高层管理者如总公司和分公司的总经理，高层管理者主要负责企业战略的制定以及重大决策。基层管理者如工段长、队长、领班等，主要负责公司决策的贯彻执行。而位于高层管理者与基层管理者之间的就是中层管理者。

打造企业的执行力，企业管理者是第一执行人，也是第一责任人。企业领导者常常坐在办公室里痛斥下属执行不力，团队的执行力，很大程度上源于管理者的执行力。企业经理层必须永远记住：兵熊熊一个，将熊熊一窝。

企业的管理者必须时刻关注执行，做出快速的决策与回复，带头遵守公司的流程，建立组织的执行体系与落实力文化等。而作为中层管理者，要明确两个最重要的角色作用：信息传达和鼓动士气。如果把企业比喻成一个人，企业高层就是大脑，中层就是脊梁。因此，在企业的落实中，中层不能软，才能挺起企业的腰杆。

基层员工执行角色缺失造成员工诸多不良表现：在工作中不求结果，为失败寻找借口；浪费工作资源，增加企业成本。

一个企业的执行力，各层次均有不同的角色分工。明确执行角色，才能尽到每个人应尽的责任与义务。只有清楚自己在做什么，确认自己的位置，才能更好地去执行。

1. 执行在高层：合理授权

高层管理者的能力总是有限的，即使"日理万机"，要把所有的事都照顾过来，都办好，那也是不可能的。管理者应拿出一部分权力分给属下，自己要做的只是以权统人。

在我们身边，常看到这样的领导，勤勤恳恳，起早贪黑。无论大事小情，样样亲力亲为，的确十分辛苦，但所负责的工作却常常杂乱无章，眉毛胡子乱成一团。而这些领导则像陀螺一样，从早转到晚，你问他在忙什么，他可能张口结舌。事事都管、都抓，结果必然是什么也管不好。

企业高层领导者不能站错了位置，作为高层管理者，更多的应该体现在决策和用人上，具体执行的事宜不可参与太多。

2. 执行在中层：承上启下

中层管理者兼有领导者和与下属的双重身份。姜汝祥在著作中说："中层只有两种选择：要么做大气层，把高层战略的大部分热量都折射和损耗掉；要么做放大镜，把太阳的光芒聚集到一点，把纸点燃。"假若我们把公司战略比喻成太阳，把客户价值比喻成纸，你可以做大气层，使太阳的热量都被你消耗掉，让纸还是纸。但假若你做放大镜，把太阳聚焦到纸上，那纸便可被你点燃！

明确中层管理者的角色，就要求中层管理者除了管理职责、岗位职责以外，还起到员工与公司决策者上传下达的作用，如果中层管理者不能发挥其应有的作用，则会对公司的管理和决策的贯彻带来很大的阻碍。

3. 执行在基层：背起自己的责任

基层管理者是生产管理的直接指挥者和组织者，也是企业中最基层的负责人，属于"兵头将尾"。基层管理者一般既是技术骨干、业务的多面手，又应当是部门的领头羊和排头兵，要在工作中起到带头执行的作用。

不要把问题留到明天，尽力在今天找到最好的解决方法

避免拖延的最好方法就是"现在就做"。

——北大管理理念

管理者希望员工在接到工作任务后，就能立刻行动起来，因为经验证明，好的机会往往稍纵即逝，犹如昙花一现。如果当时不善加利用，错过之后就后悔莫及。现实中的人都能下决心做大事，但是，只有一部分人能够贯彻执行，也只有这部分人是最后的成功者。

曾担任过《大英百科全书》美国分册主编的沃尔特·皮特金在好莱坞时，有一次，一位年轻的支持者向他提出了一项大胆的建设性方案。在场的人全被吸引住了，它显然值得考虑，不过他可以从容考虑，然后与别人讨论，最后再决定如何去做。

但是，当其他人正在琢磨这个方案时，皮特金突然把手伸向电话并立即开始向华尔街拍电报，用电文热烈地陈述了这个方案。当然，拍这么长的电报花费不菲，但它转达了皮特金的信念。

出乎意料的是，1000万美元的电影投资立项就因为这个电文而拍板签约。假如他拖延行动，这项方案极可能就在他小心翼翼的漫谈中流产——至少会失去它最初的光泽，然而，皮特

金立刻付诸了行动。

管理者喜欢立即行动的执行者，没有在关键时刻及时做出决定或采取行动，而让事情拖延下去，会给自身带来严重的伤害。

拖延并不能使问题消失，也不能使解决问题变得容易，而只会使问题深化，给工作造成严重的危害。没解决的问题会由小变大、由简单变复杂，像滚雪球般越滚越大，解决起来也越来越难。而且，没有任何人会为我们承担拖延的损失，拖延的后果可想而知。

张峰接到老板的任务：一周内起草与甲公司的销售合同，这对法律专业出身的他简直是小菜一碟。

第一天，手头上其他工作本来可以结束，但他想明天做完再动手也不迟。

第二天，有突发事件耽误了一上午，下午下班前他才勉强将原有的工作完成。

第三天，他刚准备起草合同，同事工作上遇到困难请他帮忙耽误了一上午，下午也没心情做，心想：周末的两天足够了，不急。

结果第四天一帮朋友搞了个聚会，他整整玩了一天，晚上喝得酩酊大醉。

就这样，他一直睡到次日中午，起来头还晕得厉害，吃了几片药又躺下休息。

第六天上班后的例会上，老板问他完成任务没有，他撒谎说差不多了，只是有些数据需要核实，明天就能交上。

开完例会他立刻动手，才发现这个合同书远没想象中那么简单，涉及许多他不熟悉的领域，而且还需要许多实证数据的支持，就是三天也未必能完成！

由于合同没有按时拟好，影响了与客户签约，老板对他进行了严厉批评，还在公司内进行通报批评，张峰羞愧得无地自容。

案例中的张峰因为养成了拖延工作的习惯，最终没有按时完成任务，受到了领导的批评。接到任务不仅不能拖延，应马上行动！否则，事情可能不像你预想的那样——时间任由自己支配，随时会出现意外事件占用你的时间。因此，管理者应该培养员工不拖延的习惯。

的确，立即行动有时很难，尤其在面临一件很不愉快的工作或很复杂的工作时，你常常有一种不知如何下手的困惑，但不能因此把拖延作为你逃避的方式。

执行不拖延，是最好的解决办法。具备了这种执行力，方可使自己迈向卓越，拥有成功的职业生涯。

"拿下美国 B 客户非常难！"海尔的洗衣机海外产品经理崔淑立接手美国市场时，大家都这么说，因为前几任产品经理在这位客户面前都业绩平平。

真这么难吗？崔淑立不信。这天，崔淑立一上班就看到了 B 客户发来的要求设计洗衣机新外观的邮件。因时差 12 个小时，此时正是美国的晚上，崔淑立很后悔，如果能即时回复，客户就不用等到第二天了！

从这天起，崔淑立决定以后晚上过了 11 点再下班，这就意味着，可以在当地的上午时间处理完客户的所有信息。

3 天过去了，即时回复让崔淑立与客户能及时沟通，开发部很快完成了洗衣机新外观的设计图。就在决定把图样发给客户时，崔淑立认为还必须配上整机图，以免影响确认。当她逼着自己和同事们完成当天的工作——整机外观图并发给客户时，已经是晚上 12 点了。

大约凌晨 1 点，崔淑立回到家，立刻打开家中的电脑，当看到客户回复"产品非常有吸引力，这就是美国人喜欢的"时，她顿时高兴得睡意全无，为自己的工作成效而兴奋不已！

样机推进中，崔淑立常常半夜醒来，打开电脑看邮件，可以回复的就即时给客户答复。美国那边的客户完全被崔淑立的精神打动了，推进速度更快，B客户第一批订单很快敲定！

崔淑立完全有理由说："有时差，我没法当天处理客户邮件。"但她只认目标，不说理由。崔淑立说："因为，我从中感受到的是自我经营的快乐！"

其实，市场没变，客户没变，拿大订单的难度没变，变的只是一个有竞争力的人——将执行及时做到位的崔淑立。

毫无疑问，在工作中不拖延的员工永远是公司的支柱。对一个公司来说，这样的员工是老板最重要的资本——品牌、设备或产品都无法和他们相比。正是他们创造了这一切，包括产品、服务、客户等。

对企业来说，拥有高效执行力的优秀员工，企业的发展就能蒸蒸日上。同样，拥有那些低效执行力的末流员工而不及时剔除的话，他们就会像一个烂苹果一样，迅速将箱子里的其他苹果腐烂掉，而企业也就会被慢慢腐蚀掉。所以，执行力差的员工一定是企业的包袱，要想办法必须剔除。

企业里低效执行的员工大多存在以下一些毛病：

1. 爱找借口

在工作中，许多员工极力去找借口原谅自己，借故推脱，对自己的任务无动于衷，或在执行任务时不了了之。遇到问题习惯于找借口，而不是事事想着寻找方法去解决，这也是员工平庸的根本原因之一。

2. 消极怠慢

职场中一些员工意识到目标和现实的距离，所以以一种怠慢而被动的态度来对待自己的工作，很容易一遇困难就要放弃，他们缺少一种精神支柱而不会对自己的工作投入巨大的热情，完不完成任务对他们不存在任何意义，更谈不上在规定的时间里完成任务！

3. 应付了事

在企业中，有很多员工工作不积极、不努力，不能及时按质按量地去完成，而只做一些表面文章。这些员工不重视日常事务，基础工作不踏实、不完善，审核前实行突击战略，只做表面文章，应付了事，忽视执行的实质。

4. 浅尝辄止

许多员工在执行任务的过程中不追求最后的结果，而仅仅满足于差不多的结果。其实这些人"离成功只有一步之遥"，而恰恰因为缺乏最后跨入成功门槛的勇气而功败垂成，是他们为浅尝辄止所付出的沉重代价。

5. 轻率疏忽

许多员工在工作过程中马虎大意，结果招致了许多祸患，影响工作效果。鲁莽、轻率会给工作带来许多不必要的麻烦，也会给工作带来不可估量的损失。所以，在工作中，员工切忌马虎大意、轻率疏忽，而应认认真真地做好每件事。

只有帮助员工彻底改掉这些毛病，在团队中营造执行不拖延的氛围，才能全面提升团队执行力，成为高效的执行力团队。

揭穿数字的骗局，一切问题都要在现场解决

一切问题都要在现场解决，这是优秀的执行力。

——北大管理理念

著名管理专家王育琨曾说，"只要非数据、现场信息一冒头就敲掉它"，以此来说明在现场寻找答案的重要性，管理者会经常收获大量的数据，大量的信息，然而这些数据毕竟已经远离了现场，很难发现本质问题，只有全身心地投入到现场的氛围中，才会发现问题并真正解决问题。

管理者面对各种各样的数字，很容易陷入数字的骗局中。不到现场，不把心思放在工作现场，所有的决策都有可能失误，

所有的工作都有可能发生方向性的偏差。

稻盛和夫说过："当我们出来创业之后，企业最原始的生命力就是在一线的业务现场，出现问题，就把它立即解决掉。这个现场发现、分析、解决问题的能力，就是企业真正的生命力。而不在于你的架构、你的体系，甚至不在于你的技术、你的专利。"

京瓷公司最初着手做的陶瓷叫作"精密陶瓷"，在精密陶瓷技术方面，京瓷公司领先于世界，并不断打开新局面。

稻盛和夫大学所学的专业是有机化学，大学毕业后，进入原来位于京都从事无机化学的电瓷制造公司。这时候的稻盛和夫，不仅没有陶瓷方面的基础知识和基础技术，而且他所在的公司也持续亏损，只剩简陋的研究设备和装置。

但是，就是在这种情况下，他竟然在短暂的时间里成功地开发出了新材料。那么他是如何成功的呢？当时他只是京都极小的电瓷公司的毫无名气的一个研究员，没有使用精密设备反复进行理论性实验，竟然取得了如此巨大的成果——只能说这是幸运神的惠顾。

但是，不可思议的是，这种幸运以后一直伴随着稻盛和夫，恐怕这就不是幸运神的惠顾这么简单的理由了。"现场有神灵"，这句稻盛和夫所推崇的话告诉我们：答案永远在现场。

京瓷公司创业不久，在试制某种产品时，曾经放在实验炉中烧烤，得到的产品全都粗糙之极，好像烤鱿鱼似的。必须要找到原因！在不断反复实验探索的过程中，终于查明原因：冲压时的压力大小不同导致产品上面和下面的粉末密度不同。但是，尽管制造设备方面的原因查明了，而实际上，将粉末的密度控制为一个固定的数值是很困难的。

稻盛和夫来到现场，反复进行工艺改良、经过多次尝试，仍然不能如愿烧制。为此，稻盛和夫想亲眼看看陶瓷如何翘曲以及变化的过程，于是，决定打开炉上的窥视孔仔细观察。发现随着温度的上升，产品慢慢发生翘曲，反复做多次，每一次都发生翘曲。他看着看着再也不能忍耐了，竟然想把自己的手从窥视孔伸进炉内。

当然，他的手并没有深入到炉中，但是因为那时感觉到的"从产品的上面按压住"的瞬间的冲动实际上就联想到解决方案了。后来，在产品上面加上耐火镇石进行烧制，终于做出了没有翘曲的非常平整的产品。

由此，稻盛和夫得出一个结论：解决问题的答案总是在现场。但是，为了得到答案，对待工作要有一股不服输的高度热情及浓厚感情。而且，要用率真的眼睛目不转睛地观察现场。

丰田生产方式 TPS 创始人大野耐一更是典型的现场主义者。他抓住了一个朴素的真理：对人的智慧的浪费就是最大的浪费，不能只用两只手，要活用员工的大脑。现场员工（技术、销售和制造）能力超强，可以持续突破极限，释放潜能，公司焉有输的道理。

一般管理容易把现场看成一堆数字，而 TPS 则把握住了现场的活人，把现场看成问题爆发与解决问题的集中地。

现场具有"神秘的力量"，管理者应尽量让员工在现场分析现状，在现场找出问题，在现场找出答案，全力提升员工解决问题的执行力。

每个管理者都要给员工"对"的明确标准

管理者必须给员工"对"或"错"的明确标准。

——北大管理理念

管理者布置任务的时候，员工看似听得很明白，但却因为没有真正搞清楚要如何操作，最后在执行后出现了上级不满意的结果。

发生这种状况的原因出在什么地方？主要在于管理者没有给员工明确"对"的标准。要想员工在执行的过程中不走样，完整领会上级的意图，明确"对"的标准很重要。

也许有些人会觉得，只要完成了任务，有了结果，过程就不重要了，何必非得按照上级的吩咐按部就班呢？我们说条条道路通罗马，这种理解也没错。但是，很多时候，执行的灵活性是要有一个大前提的，就是有一个基本的标准。

管理者在布置工作、下达任务、发出指令时的本意或精神实质，希望达到某种目的或标准，这些需要完整地传达给员工。如果对上级的意图理解不透，把握不准，员工往往会费力不讨好，很难按照上级的期望完成任务。

管理者有时候不可能将每件事情的前因后果都向下级解释清楚，但还是有必要站在员工的角度，交代尽可能详细，只有这样才能让员工领会上级的意图，才能执行到位。这也要求员工，不仅对于上级明确安排的事情要充分理解、不折不扣地执行，而且对于上级没有明确说出来的事情，也要站在上级的角度多思考，自己如何才能做得更好。

小李在一家公司当行政助理，一天，总经理把小李叫到办公室，吩咐他安排一辆车，到机场去接一个人，并且特别叮嘱他让老司机开车去接这个人。

小李从同事那里了解到，因为过几天公司要请一位专家来做培训，这个人可能就是那个专家。

小李先是打电话到了后勤，结果该部门的同事说经常接贵宾的几个老司机不是在休假，就是正出外勤，最迟也要第二天才有空闲。小李想，反正是接人，接到了就行，谁去接都一样，不一定非得是老司机去。于是小李另外找了一个新来的年轻司机，他对人热情，还很有冲劲。

小李很满意自己的安排，可让他没想到的是，接到人后，总经理发现接人的司机不是老司机，当即就发了火。

总经理说："我不是特意告诉你派老司机开车去接吗，你为什么要自作主张？"小李很委屈，自己明明是好心，并且已经完成了任务，怎么反而挨了批评呢？

其实，小李如果懂得要充分领会上级的意图，在派人去接之前，就应该先了解一些细节：要接的人是什么身份？与公司是什么关系？总经理打算用什么规格的礼遇，等等，还有特别叮嘱老司机去接是什么意思？

只有弄明白了总经理是要借"迎接"这个机会，向客人表达相当级别的礼遇就会知道，总经理要的这个司机不仅驾驶技术好、道路情况熟，而且对公司认同感强、谈吐得体，懂得什么时候在客人面前说什么话，知道在酒店开什么档次的房间……

要明确"对"或"错"的标准，就要员工完全领会上级的指示，这就要求在执行之前领导和员工之间做好沟通；员工还需要事先明确执行的方式方法，这一环节需要向有经验的人请教。总之是，在执行任务之前，先要问好想好多操一些心，这样才能有力地避免在执行过程中大费周折而使结果大打折扣或根本无法达到预期的效果。

为什么上级对同一项任务预期的结果和汇报上来的结果相差甚远？接受任务如何能够保障执行的结果不会偏离目标太远？这些都是关于任务不走样的追问，下面的几点建议希望能够给你启示：

1. 让员工领会命令的精神

上级在分派任务或下达命令时，一定要注意员工是否认真倾听，对于指令中有不明白的地方，一定要问员工是否清楚，这样员工才会切实做到真正地领会命令的精神。有些员工自以为是，然后按照自己的意思去行事了，也有些员工不清楚命令的实质，而因为惧怕领导不敢去问。管理者一定要确定员工是否清楚领会任务的指令。

2. 要求员工积极回应

在接受命令时一定要有一个积极的姿态，首先要乐于去接受上级给予的新指示；其次是上级下达命令时一定要认真，态度端正。管理者要在交代重点事项时，获得员工的肯定回应后，再说下一点。

3. 做好记录

好记性不如烂笔头，再好的记性，都会有所遗漏，尤其是当给下属布置任务较多的时候，就有必要让员工带上笔记本，把分派的任务逐条记下来。可以记录下指示的内容，以确保准确无误，以及交代的注意事项或与上司的交换意见。

4. 听完任务之后，要复述一遍，确保没有遗漏

在军队中，下级经常会对上级复述命令。复述命令能够确保没有遗漏，即使遗漏了内容，也能够及时补上。

在复述后，员工向上级确认是否有疏漏或是否有理解错误的地方，这个环节可以查漏补缺，同时也是执行前纠错的重要步骤，可以大大减少执行误差。

执行不容小疏忽，注意每一个细节

过程因素也是造成多数企业执行力弱的一个重要因素。

——李彦宏

一位管理专家一针见血地指出，从手中溜走 1% 的不合格，到用户手中就是 100% 的不合格。工作中一个小小的疏忽和失误，就会造成产品和服务上的缺陷，每一个缺陷都会影响企业在顾客心目中的形象和地位，给企业带来难以估量的损失。

"千里之堤，溃于蚁穴。"一个企业从"诞生"之日起就面临众多强敌的威胁，要想在企业之林中站稳脚跟，除了构建严密的组织生态外，还有另一个重要主题，就是敏锐地发现组织

中有可能引发危机的"蚁穴",未雨绸缪,防患于未然。一旦发现组织的"蚁穴"就要不遗余力地根除,甚至不惜"小题大做"。

老子曾说:"天下难事,必做于易;天下大事,必做于细。"类似的,建筑大师密斯·凡·德罗,在被要求用一句话来描述他成功的原因时,他概括说:"魔鬼藏于细节。"

现实工作中的失败,常常不是因为"十恶不赦"的错误,而恰恰是那些一个个不足挂齿的"小错误"积累而成的。工作中任何一个环节出了差错,都事关大局。牵一发而动全身,每一件细小的事情所产生的后果都会被不断扩大,这些早已不再是微不足道的事情。

工作中的某一个环节出了问题,都会造成不可想象的事故。因此,面对自己的工作,我们应当增加警惕性和责任感,尽可能杜绝工作中可能出现的一切"隐患",防止"因小失大"。细节决定成败,每个员工要养成重视小事,认真细致的作风,将身边的每一个隐患都扼杀在摇篮之中。

将细节打造为"最佳执行准则"是强调将每项工作做细,每个环节做精,关注每一个细节。

麦当劳对原料的标准要求极高,以汉堡中的生菜为例,麦当劳《全面供应链管理手册》中规定,从源头选土开始,详细记录地段和土壤的资料,所有种植地周边一公里内必须无工业"三废"污染源,无养殖场、化工厂、矿山、医院、垃圾场,与生活区的隔离须超过20米,土壤和水中的重金属和微生物不能超过国家绿A标准。从生菜播种开始进行全程监控,之后的种植、灌溉、施肥、防虫也要一一记录。

面包不圆和切口不平都不用,奶浆接货温度要在4℃以下,高一度就退货。一片小小的牛肉饼要经过四十多项质量控制检查。任何原料都有保存期,生菜从冷藏库拿到配料台上只有两小时的保鲜期,过时就扔掉。生产过程采用电脑操作和标准操作。制作好的成品和时间牌一起入到成品保温槽中，炸薯条超过 7 分钟，汉堡包超过 19 分钟就要毫不吝惜地扔掉。麦当劳的作业手册有 560 页，其中对如何烤一个牛肉饼就写了 20 多页。

正是麦当劳如此严格、完整、细致的管理制度，才使得拥有数千家连锁店的麦当劳运转自如，获得了巨大的成功，在给公司带来巨额利润的同时，加深了企业的国际形象。

"请对顾客露出你的八颗牙"，这是沃尔玛百货有限公司创始人山姆·沃尔顿的一句名言，现在已经在服务行业成为标准，"三米微笑原则"也是沃尔玛服务顾客的秘诀之一。

这些细节的规定看起来有些烦琐，但却非常有效，一旦形成习惯，成为员工的行为准则，那么该做什么不该做什么，如何去执行，执行到什么程度，就不需要别人来提醒，而是融为一种最好的工作准则。

如在石油行业，生产、运输、销售、服务过程中多与易燃易爆品打交道，安全事故风险和环境风险大，这决定了石油企业实施精细化管理必须将每一个细节的安全、环保作为企业持续发展的基础。

抠细节，往往被认为死板，但谁会想到，正是这些细节打造了最强的执行力。一个人养成看重细节的思维习惯，往往可以获得意想不到的精彩成果。

刘宁是锦西石化公司南蒸馏车间的普通工人。对于炼油操作，有些人产生了会了就行的想法。可刘宁却要精益求精。

近几年，原油性质变化越来越频繁，蒸馏车间的质量合格率和操作平稳率受到了很大影响。每当原油性质有所变化，刘宁都要进行认真调节，边调边记心得，久而久之，他摸索出了一套操作方案。原油性质一有改变，他马上就找出相应的操作方法。几年了，他所在岗位产品质量合格率始终保持 98.5% 以上，操作平稳率达到 99% 以上。

刘宁高高大大，可他却是个十分心细的人。2009 年 2 月 26

日，刘宁值零点班。凌晨，正是倒班员工最疲惫、最容易疏忽的时候。零点42分，刘宁在监视器上不断浏览着装置内的设备运转情况，忽然，泵—101处冒出的一丝白烟引起了他的注意，由于监视器上的画面不是很清晰，他马上起身奔向泵房。经过检查，他发现泵—101端面已经打开，300摄氏度的渣油正呈雾状喷出，随时都有着火的可能。班组成员在切换备用泵后仍有些后怕，这要是着起火来，就是一次停工事故。

要求员工从一点一滴的小事开始，把自己经手的每一份工作做到尽善尽美。承担一份工作，就应该在执行中精益求精，这样才能赢得机遇的青睐，获得发展的机会。

管理者必须要求员工绝不能忽视细节，对执行的细节"小题大做"，这样才会将执行做到位——只有如此，才能确保执行能够按质按量地完成。

执行力是一种服从力，像军人一样执行

服从是保证执行力的先决条件。

——北大管理理念

美国劳恩钢铁公司总裁卡尔·劳恩是西点军校第52届毕业生，他曾对服从精神做过这样的描述："军人的第一件事情就是学会服从，整体的巨大力量来源于个体的服从精神。在企业中，我们同样需要这种服从精神，上层的意识通过下属的服从很快会变成一股强大的执行力。"

服从命令、听从指挥是军人的天职，也是一个杰出员工的行动指南。决策层制定的企业愿景最终要靠员工来执行，这就要求员工必须服从命令、听从指挥，即使服从意味着牺牲、奉献，意味着放弃个人的"想法"或"自由"。

"糟了，糟了！"采购部的经理理查德放下电话就叫嚷了起

来："那家便宜的东西，根本不合规格，还是迈克尔的货好。"他狠狠地捶了一下桌子："可是，我怎么那么糊涂，还发 E-mail 把迈克尔臭骂了一顿，还骂他是骗子，这下麻烦了！"

"是啊！"秘书詹妮小姐转身站起来说，"我那时候不是说吗，要您先冷静冷静，再写信，您不听啊！"

理查德说："都怪我当时在气头上，以为迈克尔一定骗了我，要不然别人怎么那么便宜。"

理查德来回踱着步子，突然指了指电话说："把迈克尔的电话告诉我，我打过去向他道歉！"

詹妮一笑，走到理查德桌前说："不用了，经理。告诉您，那封信我根本没发。"

"没发？"理查德停下脚步，惊奇地问道。

"对！"詹妮笑吟吟地说。

理查德坐了下来，如释重负，停了半晌，又突然抬头问："可是，我当时不是叫你立刻发出的吗？"

"是啊，但我猜到您会后悔，所以就压了下来！"詹妮转过身，歪着头笑笑。

"压了3个星期？"

"对！您没想到吧？"

"我是没想到。"

理查德低下头去，翻记事本："可是，我叫你发，你怎么能压呢？那么最近发往南美的那几封信，你也压了？"

"那倒没压。"詹妮的脸更亮丽了，"我知道什么该发，什么不该发！"

"是你做主，还是我做主？"理查德霍地站起来，沉声问道。

詹妮呆住了，眼眶一下湿了，颤抖着问道："我，我做错了吗？"

"你做错了！"理查德斩钉截铁地说。

在很多员工的理念中，服从就是"对的就服从，不对的就不服从"，其实这种观点是错误的。在某种意义上，服从是无条件的，如果觉得上级的指令不切合实际，就应该婉转地提出自己的意见，而不是对上级的指令拒不执行。

服从指令听指挥不仅仅是态度问题，在一定程度上也反映了一个人的集体主义观念。如果员工有基本的以集体利益为重的观念，就会自觉地服从上级的命令和指示，而不是勉强服从，口服心不服，然后在执行中消极应付。

没有服从就没有执行，团队运作的前提条件就是服从，一个高效的企业必须有良好的服从观念，一个优秀的员工也必须有服从意识。

王益和张颐同时供职于一家音像公司，他们能力相当。有一次，公司从德国进口了一套当时最先进的采编设备，比公司现在用的老式采编设备要高好几个档次。但是说明书是用德文写的，公司里没有人能看得懂。老板把王益叫到办公室，告诉他："我们公司新引进了一套数字采编系统，希望你做第一个吃螃蟹的人，然后再带领大家一起吃。"王益连忙摇头说："我觉得不太合适，一方面我对德语一窍不通，连说明书都看不懂；另一方面，我怕把设备搞出毛病来。"老板眼里流露出失望的神色。他又叫来了张颐，张颐很爽快地答应了，老板很高兴。

张颐接下任务后就马不停蹄地忙碌起来。他对德文也是一窍不通，于是就去附近一所大学的外语学院，请德语系的教授帮忙，把德文的说明书翻译成中文。在摸索新设备的过程中，他有很多不明白的地方，就在教授的帮助下，通过电子邮件，向德国厂家的技术专家请教。短短一个月下来，张颐已经能够熟练使用新的采编设备。在他的指导下，同事们也都很快学会了使用方法。张颐因此得到了老板的赞赏。以后，有了什么任务，老板总是第一时间找到张颐。因为他知道，张颐不会让他失望。王益用一个借口逃避了一个难题，同时也把加薪晋升的机会给丢弃了。

王益的推诿使他失去了加薪晋升的机会。绝对地服从意味着员工要为自己的一切行动负责，不可有逃避或对抗的情绪。

组织和团队中不乏服从意识淡薄的人，他们对上级领导的命令指示，常常讲价钱，讲条件，甚至上有政策，下有对策；表面一套，暗地里一套。对各项规章制度，喜欢用所谓的"变通""细化"变相地违反。

每一个员工都应该意识到自己的职责就是服从，在服从面前没有多余的"条件"，对领导的任何命令都是完全接受，然后坚定不移、不遗余力地执行到位，这样才能确保集体行动的一致性，使团队任务圆满完成。

团队犹如一部联动机，如果有一个部件不能履行自己的职责，拒绝服从，整个机器就不能能运转自如。当各个部件都各司其职、服从指挥时，整个机器的工作效率就会呈数倍地提高。一些优秀的企业都严格规定，企业制度和战略一经形成，任何人都必须无条件地服从，即使是管理者，也不能寻找任何借口违背企业的制度和偏离企业的发展战略。

既然服从力如此重要，那么管理者需要注意什么呢？一般而言，服从有以下3大原则：

1. 服从应该直截了当

企业需要这种直截了当、畅通无阻的传递过程。如果上司交给下属一项工作，而下属讲出许多理由、罗列很多困难，这显然不能得到上司的信赖，是不可取的。只有服从才是最谦虚、最直截了当、高效快速完成工作任务的方式。因为没有"顾忌"、没有"烦琐"、无须"协调"、无须"磨合"，全力而迅速地执行任务，这是一个非常重要的指针，是高效能的一个非常重要的方面。

2. 应该立即行动

在企业中经常遇到这种情况：一些主管交代一项业务时，不是及时把事情做了，而是对主管说，"我现在很忙，我马上做"，但是并没有马上做。面对这种情况时，管理者要求员工尽可能立即行动。

只有每一个环节都即令即动，才能积极高效地在第一时间内出色地完成既定的任务。

3. 确保沟通到位

虽然，管理者的决策也有错误的时候，但是，员工也应该首先服从任务的安排。不过为了尽可能减少错误的决策，管理者应适时与员工进行沟通，取得对执行的一致看法。

管理者喜欢那些不讲条件、具有服从意识的人，这样的员工才会在接受命令后，充分发挥自己的主观能动性，想方设法完成任务，即使会遇到无数的困难和挫折，执行难度很大，也会勇于承担责任，努力向目标靠近。

第八章 高效能管理课：
错误的工作方式只会增强劳动强度

忙碌并不等于高效，谨防跌入效率的陷阱

> 只有在正确方法的指导下，管理者才能以最少的时间、最少的资源达到目标。

——北大管理理念

北大管理理念认为，其实很多人整天忙碌，不出成效的原因在于该做的没做好，不该做的却做了一堆，所以才让工作变得愈来愈复杂，时间愈来愈不够用。如果管理者希望自己能高效完成工作，就一定要忙出成效，使自己成为一名能够出色完成任务的高手。

有一个广为流传的管理学故事：

一群伐木工人走进一片树林，开始清除矮灌木。当他们历尽千辛万苦，好不容易清除完一片灌木林，直起腰来准备享受一下完成了一项艰苦工作后的乐趣时，却猛然发现，需要他们清除的不是这片树林，而是旁边那片！

许多人在工作中，就如同这些砍伐矮灌木的工人，常常只是埋头苦干，忙碌之后却发现自己是在做无用功。事实上，没有结果的忙碌不但浪费了自己的时间，还消耗了企业的资源，等于在剥削企业！

看似忙忙碌碌，最后却发现自己背道而驰的情况是非常令

人沮丧的,这是许多管理无法做到高效工作的重要原因。工作辛苦却不出成果,是低效的管理者最容易犯的错误,在错误的方向上的忙碌最不值得。这就好比堂吉诃德想做骑士却与风车作战一样,徒劳无功。

忙碌与否并不能成为管理者是否优秀的衡量标准,关键要看管理者是否忙出了成果。

汉夫特是加拿大渥太华一家宾馆的主人,他以"懒惰"著称,凡是能吩咐给手下干的事,他绝不亲自去做。宾馆业务虽然繁忙,他却整天悠闲自在。有一年圣诞,他让宾馆全体员工分别评选出 10 名最勤快和 10 名最"懒惰"的员工。汉夫特叫人把 10 名最"懒惰"的员工叫到他的办公室。这些员工忐忑不安,以为老板要炒他们鱿鱼。可是令他们没有想到的是,一进门,汉夫特说:"恭喜各位被评为本宾馆最优秀的员工。"

这 10 名员工面面相觑,看到大伙这样,汉夫特微笑着解释道:"据我观察,你们的'懒'突出表现在总是一次就把餐具送到餐桌上,一次就把客人的房间收拾干净,一次就把工作干完,因而在别人眼里你们每天大部分时间都闲着,无所事事。但依我看,最优秀的员工无一例外都是'懒汉'——'懒'得连一个多余的动作都懒得去做。而勤快员工的'勤',大多表现在整天忙忙碌碌,不在乎把力气花在多余的动作上,做一件事不在乎往来多少趟,花多少时间,如此能有效率吗?"

现代人一味强调忙碌,却忘记了工作成效,从周一到周日时刻忙碌着。一旦染上了这种"忙碌病",我们就会迷失在毫无间隙的忙碌之中,失去清醒的头脑和必要的理智。紧张工作疲于奔命,最终往往会发现自己越来越力不从心,工作中错误百出。

整天忙碌并不一定有效率。效果和花费的时间并不一定成正比。强迫自己工作,工作,再工作,只会耗损自己的体力和创造力。

　　小李当部门经理不到两个月，就被提拔为副总经理了。他所在的公司是一家成长型的公司，发展很快，他主管的业务特别繁杂。3个月下来，他瘦了好几斤，还因劳累过度住过一次院。

　　他每天加班加点，可是工作压力并没有减少，反倒越来越大。他十分痛苦，于是向他的朋友诉苦："我实在干不了啦。每天一上班，脑袋里就塞满了各种信息与想法，无法理清。回到家，又睡不着，还是一团乱麻。再这样下去，我非疯不可。"他甚至想：要不，干脆辞职算了。

　　小李的问题，很多管理者都碰到过，尤其对于那些刚刚担任新领导岗位的人，感受更为明显。其实，小李之所以觉得力不从心，并不是因为他的能力有问题，而是他掉进了效率的陷阱。

　　如果我们有了明确的目标，确保自己是在做正确的事，接下来要"成事"，就是"方法"的问题了。效率重视的就是做一项工作的最好方法。

　　不要跌入效率的陷阱，这样不仅为我们节省了时间，更使我们在与别人的竞争中占尽先机，处于领先地位，从而顺利地实现高效工作。

时间完全没有替代品，尊重时间的价值

　　对企业家来说，时间不仅是最宝贵的资源，而且是一种机会，他的命运可能就决定于那早与晚的一瞬间里。

——张维迎

　　管理者的工作时间往往只属于别人，而不属于自己。时间完全没有代替品，最大限度的利用好时间的意义在于创造更多的价值，这是一个管理者应该努力学习的课程。

每一天都只有 24 小时，不多也不会少。这样一来，在工作的过程中，如何高效地安排自己的时间，提高工作的效率是每一个管理者亟待解决的问题。善于合理利用时间的人，在工作的过程中往往显得得心应手，而不善于安排时间的人却往往有着忙不完的事情。

无论何时，懂得重视时间的人从不会滥用宝贵的时间。大多数的成功者都是实力雄厚、深谋远虑、目光敏锐的人，他们说话做事都是言简意赅，精准到位的，从来不愿意在这里多耗费一点儿宝贵的资本——时间。

老罗斯福总统就非常重视利用时间。当一个分别很久，只求见上一面的客人来拜访他时，老罗斯福总是在热情地握手寒暄之后，便很遗憾地说他还有许多别的客人要见。这样一来，他的客人就会很简洁地道明来意，直奔主题，大大节省了会面的时间。

作为企业的管理者，把时间浪费在接待上是不值得的。管理者缩短在接待方面的时间，照样可以拥有待客谦恭有礼的美名。一位经理每次与来客把事情谈妥后，便很有礼貌地站起来，与他的客人握手道歉，遗憾地说自己不能有更多的时间再多谈一会儿。那些客人都很理解他，对他的诚恳态度也都非常满意。如果管理者不重视时间的价值，恣意浪费自己以及别人的时间，人们也不会从心底佩服这样的管理者。

企业的管理者必须重视时间的价值，因为时间是无价之宝。"你珍惜生命吗？那么就请珍惜时间吧，因为生命是由时间累积起来的。"别忘了，时间就是金钱。假设一个人一天的工资是 10 个先令，可是他玩了半天或躺在床上睡了半天觉，他自己觉得他在床上只花 36 个便士而已。错误！他已经失去了他本应该得到的 5 个先令……千万别忘了，就金钱的本质来说，一定是可以增值的。钱能变更多的钱，并且它的下一代也会有很多的子孙。

"假如一个人杀死一头能下仔的母猪，也就是毁灭了它所有的后代，甚至它的子子孙孙。假如谁消灭了 5 个先令的金钱，那样就等于消灭了它所有能产生的价值。换句话说，可能毁掉了一座金山。"

这段话是美国著名的思想家本杰明·富兰克林的一段经典名言，简单直接地告诉管理者这个道理：管理者必须认识到时间的价值。

美国的金融大王摩根是个重视时间的人，他与人接洽生意总能以最少的时间产生最大的效率。

摩根每天的工作时间是每天上午 9 点 30 分准时进入办公室，下午 5 点回家。有人对摩根的时间价值进行了计算后说，他每分钟的收入是 20 美元，但摩根认为远远不止于此。摩根的时间管理法则是，除了与生意上有特别关系的人商谈外，他与人谈话绝不超过 5 分钟。

通常，摩根喜欢与许多员工一起工作。他会随时指挥他手下的员工，按照他的计划去行事。如果你有事情和他交谈，很容易就能找到他，但如果你没有重要的事情，他是绝对不会欢迎你的。

摩根喜欢开门见山，一见面就谈事情。当你对他说话时，一切转弯抹角的方法都会失去效力，他能够立刻判断出你的真实意图。这种卓越的判断力使摩根节省了许多宝贵的时间。摩根对浪费时间的人简直是恨之入骨，这些人本来就没有什么重要的事情需要接洽，只是想找个人来聊天，而耗费了工作繁忙的人的时间。

每一天只有 24 小时，那些昨天没能合理用掉的时间并不会累积到今天，而今天也不能提前预支明天的时间，我们所能做的，只能是有效地利用今天的时间。

时间是一个人最宝贵的财富。但时间又是无情的，它不能挽回、不可逆转、不可贮存，且永不再生。一切如白驹过隙，转瞬即逝。如果你想成为一名真正的高效管理者，就必须认清时间的价值，认真计划，准时做每一件事。

重视时间的价值，就是要最大化减少对时间的浪费，以最短的时间做更多的事。善于利用时间的管理者，不会在一天的工作结束之时，因时间悄悄地流逝而遗憾、而悔恨。只要认真地把握工作中的每一分钟，就一定能实现高效能的工作。

把事情一次做到位，不要为同一事情而反复忙碌

忙就要忙到点子上。

——北大管理理念

很多管理者整天很忙碌，他们拆东墙、补西墙，他们充当的是企业的"消防队员"，十分辛苦却效率不高。

从前，有一位地毯商人，他看到最美丽的地毯中央隆起了一块，便把它弄平了。但是在不远处，地毯又隆起了一块，他再把隆起的地方弄平。不一会儿，在一个新地方又再次隆起了一块，如此一而再，再而三地，他试图弄平地毯。直到最后，他拉起地毯的一角，看到一条蛇溜了出去。

很多管理者就像这位地毯商人一样，并非一次性就把事情解决，只是把问题从一个部分推移到另一部分，或者只是完成一个大问题里面的一小部分，经过一而再，再而三地重复，不但将事情变得复杂了，还极大地浪费了时间。为同一事情而反复忙碌，只会浪费自己的时间，为什么不一次性将事情做到位呢？

第一次没有把问题解决彻底，下次到了，又推到了下下次，如此，事情永远得不到彻底的解决，而这只会浪费管理者的时间。比如，工厂的某台机器坏了，负责维修的师傅只是做一下最简单的检查，只要机器能正常运转了，他们就停止对机器做

一次彻底清查，只有当机器完全不能运转了，才会引起人们的警觉，这种只满足于小修小补的态度如果不转变，不仅会给公司和个人带来巨大的损失，还会使一个简单的问题复杂化。正确的做法是第一次就把事情做对，不把问题留到下一次。

如果第一次没把事情做对，忙着改错，改错中也很容易忙出新的错误，恶性循环的死结就越缠越紧。这些错误往往不仅让自己忙，还会放大到让很多人跟着你忙，造成整个团队工作效能的低下。第一次没做好，不仅浪费了没做好事情的时间，更花费了一些本不该付出的冤枉债，降低了我们的工作效率。

对于任何一件工作，要么干脆不做，要么一次性解决，一次性就把事情做到位。找准方向，然后一次性就把事情做对。如何才能做到在第一次就把事情做对，这就要知道什么是"对"，如何做才能达到"对"这个标准。

师傅正在紧张地工作着，但当时手头缺少一把扳手。他叫身边的小徒弟："去，拿一把扳手。"小徒弟很听话，马上去拿扳手。师傅等了一会儿，就见到小徒弟气喘吁吁地跑回来，拿回一把大扳手。很显然这不是师傅需要的扳手。他生气地说："谁让你拿这么大的扳手呀？"小徒弟说："我只想着去拿扳手，忘了问拿什么样的了。"

第二次，师傅又让小徒弟去拿工具。这次，小徒弟吸取了第一次的教训。详细向师傅询问拿什么样的工具才是"对"的。师傅也没有等多久，小徒弟就拿来了师傅想要的工具。

小徒弟第一次的效率很高，很可惜效能并不高；第二次，他积极主动地询问，才做了正确的事。要想把事情做对，就要知道什么是对的，如何去做才是对的。

一步到位是一种把问题简化的方式。无论做什么事，我们如果有下次再来或会有别人解决的想法，那么，我们这一次就不会全身心投入，失败的概率就很大，造成了问题越来越复杂。

李伟是一家广告公司创意部的经理，他有一个毛病，就是第一次总是没法把事情做好，需要来回地把一件事情做好几遍，为此曾给自己和公司的工作带来不少麻烦，他自己也苦不堪言。

有一次，公司接到一个客户的任务，要做一个比较大的户外广告。李伟由于完成任务的时间比较紧，自己当时也比较忙，在第一次审核广告公司回传的样稿时，没有仔细检查，就放心地交出去了。没想到，在发布的广告中，他弄错了一个电话号码——客户的电话号码被他们打错了一个。正是因为他第一次检查的时候没有注意，结果，就是这么一个小小的错误，给公司导致了一系列的麻烦和损失。他个人也因此受到了不小的处分和罚款。

李伟的失误源于他在第一次审稿的时候，没把错误找出来，没把事情做到位。假如在第一次审核样稿的时候李伟稍微认真一点儿，就不会浪费大家的时间，给公司造成如此大损失。

我们平时经常说到或听到的一句话就是："我很忙。"在上面的案例中，李伟也许真的很忙，时间紧，任务重。可是，如果不能一次性把事情做到位，这样的忙碌又有什么作用呢？

所以，在"忙"得心力交瘁的时候，我们是否考虑过这种"忙"的必要性和有效性呢？整天忙忙碌碌，有必要停下脚步检查一下自己是否在做着费力不讨好的工作。再忙，我们也要在必要的时候停下来思考一下，把事情一次性做到位，而不是日后为了改正第一次犯下的错误而弄得心力交瘁。把事情一次性做到位，花费的时间并不一定多，但解决了后续的在同一事情上反复忙碌的时间，这正是解决"忙症"的要诀。

如果第一次发现了问题而没有采取行动，那么在日后就会酿成不可估量的损失。再小的问题，如果不能一次性有效地解决，它会像滚雪球一样不断加剧，直至演化到不可收拾的地步。

管理者工作的目的是为了忙着创造价值，而不是忙着制造错误或改正错误。只要在工作之前想一想出错后带给自己和公司的麻烦，想一想出错后造成的损失，就应该能够理解"把事情一次做到位"这句话的分量。在这个效率至上的社会，把事情做到位，不为同一件事情反复忙碌，这是企业赢得竞争制胜的不二法宝。

神奇的"二八法则"：抓住关键

一个领导者把精力放在小问题上，慢慢地就会忘记自己的目标，会丧失创造力，或者至少会逐渐枯竭。

——俞敏洪

在时间管理方面，"二八法则"同样起到重要的作用。一直以来，人们将"一分耕耘，一分收获"奉为圭臬。但是，有些管理者会在工作中遇到这种情况：花很多时间和精力去处理意见事情，结果却不尽如人意。如何使耕耘能有收获甚至达到"事半功倍"，每个人都希望找到这样的高效秘诀。其实，高效能人士的确有个法宝，这就是"二八法则"。

1897年，意大利著名经济学家帕累托发现了被后世所称道的著名的"二八法则"。他研究发现，社会上的大部分财富被少数人占有，而且这一部分人口占总人口的比例与这些人所拥有的财富数量，具有极不平衡的关系。

二八法则就是要按事情的重要程度编排优先次序，这个法则告诉我们：要把自己的时间和精力放在自己最重要的事情上，就可能用更少的时间做更多的事。

英国有"创业常青树"之称的理查德·科克在牛津大学读书时，师兄告诉他："没有必要把一本书从头到尾全部读完，除非你是为了享受读书本身的乐趣。在你读书时，应该领悟这本书的精髓，这比读完整本书有价值得多。"这位师兄想表达的意思实际上是：一本书80％的价值，已经在20％的页数中就已经阐明了，所以只要看完整部书的 20％ 就可以了。

理查德·科克很喜欢这种学习的方法，而且以后一直沿用它。牛津并没有一个连续的评分系统，课程结束时的期末考试就足以裁定一个学生在学校的成绩。他发现，如果分析了过去的考试试题，把所学到知识的 20％，甚至更少的与课程有关的知识准备充分，就有把握回答好试卷中 80％ 的题目。这就是为什么专精于一小部分内容的学生，可以给主考人留下深刻的印象，而那些什么都知道一点儿但没有一门精通的学生却不尽如考官之意。这项心得让他并没有披星戴月终日辛苦地学习，但依然取得了很好的成绩。

后来，理查德·科克加盟了一家顶尖的美国咨询公司。就在这里，他发现了许多二八法则的实例。咨询行业 80％ 的成长，几乎来自专业人员不到 20％ 的公司。而 80％ 的快速升职也只有在小公司里才有——有没有才能根本不是主要的问题。当他离开第一家咨询公司，跳槽到第二家的时候，他惊奇地发现，新同事比以前公司的同事更有效率。怎么会出现这样的现象呢？新同事并没有更卖力地工作，但他们在两个主要方面充分利用了二八法则。不久后，理查德·科克确信，对于咨询师和他们的客户来说，努力和报酬之间也没有什么关系，即使有也是微不足道的。

真正像理查德·科克一样理解了二八法则，你就会知道自己应该将时间花在关键的少数问题上，因为解决这些关键的少数问题，你只需花 20％ 的时间，即可取得 80％ 的成效。

人们常习惯性地认为：顾客都是上帝，要一视同仁，每一个人都是一枚不可或缺的螺丝钉，发挥着同样的价值作用……但当我们在所有的事物上花费等量的精力时，往往会发现，投入与产出等比的情况并不总会出现，并且大多数时候的结果是"事倍功半"。"二八法则"提醒我们要对那些客观存在的不平衡现象给予足够的重视，提醒我们应该打破那些束缚我们的常规认识，从而提高生活和工作效率。

二八法则要求人们放弃那些"表现一般或不好"的、只能带来 20％产出的 80％的投入。因与果、投入与产出、努力与报酬之间的关系，往往是不平衡的，这是"二八法则"带给我们的启示。

二八法则告诉我们，如果你使用或准备的时间占 80％，即次要的多数问题占 80％，造成的成果只占所有成果的 20％；而使用或投入的时间占 20％，即重要的少数问题占 20％，造成的成果却占 80％。

运用二八法则的重要意义在于能经常以 20％的时间付出取得 80％的成果。因此，在你的工作或生活中，你应该把十分重要的项目挑选出来，专心致志地去完成，即把时间用在更有意义的事情上。

查尔斯是纽约一家电气分公司的经理。他每天都需要阅读和处理成百份的文件，每天上班走进办公大楼的时候，他就开始被等在电梯口的职员团团围住，等他终于进入自己的办公室时，已是满头大汗。查尔斯经常说自己要再多一双手，再有一个脑袋就好了。公司里最忙碌的人一定是他，但是他的大部分时间都浪费在了烦琐的公司事务中。

查尔斯不愿意再忍受这样的状况。他分析了自己目前所处的状况，他把所有的人关在自己的办公室外面，把所有无意义的文件抛出窗外。他让自己的属下自己拿主意，不要来烦自己。为了最大化利用自己的时间，他给自己的秘书做了硬性规定，所有递交上来的报告必须筛选后再送交，不能超过十份。

查尔斯新的工作方式，秘书和所有的属下都不习惯。他们已养成了奉命行事的习惯，而今却要自己对许多事拿主意，他们真的有点儿不知所措。但这种情况没有持续多久，公司开始有条不紊地运转起来，属下的决定是那样的及时和准确无误，公司没有出现差错。公司的工作效率因真正各司其职而大幅度提高了。

查尔斯也终于有了读小说、看报、喝咖啡、进健身房的时间，他现在才真正体会到自己是公司的经理，而不是凡事包揽的老妈子。

二八法则要求分清"重要的少数"还是"琐碎的多数"，不要沉浸在忙碌中，时间是一种资源，应该将精力集中解决"重要的少数"。查尔斯作为管理者，每天总是"忙碌"，每天80％的时间"浪费在了一些不必要的签字上"，当他转变工作方式后，将"无意义的文件抛出了窗外"，将绝大部分精力花在了"不超过十份"的文件上，结果是：他的工作效率大大提高了。

二八法则是一项对提高人类效率影响深远的法则，被当作指导职业获利和人生幸福的"圣经"，适用于任何渴望提高工作效率、创造最高财富利润的个人。相信所有的管理者都不愿沦落为"老妈子"的角色，都希望能够高效地工作。二八法则为所有人提供了这样的捷径。

集中精力去做那些最重要的事情

大家都要"惜时"。这个以前我们强调得不多，但是在我的理念当中，一直是有这样的概念的。我也曾经跟不少的同事讲过，如果能买来的东西，就不要自己去做，如果说能够以金钱来换时间，我们会愿意的。

——李彦宏

工作时间都是有限的，每天需要解决的问题往往很多，管理者会觉得好像是一座山压在了自己的身上，大事小事一大堆，想喘口气的机会都没有。

管理者要善于运用重点思维，集中精力去做那些最重要的事，这是那些目的性很强的管理者们重要的思考习惯。因为一个人如果不懂得重点思维，眉毛胡子一把抓，就等于毫无主攻目标。管理者需要提高自己做事的目的性，就要养成思维的正确方法——重点思维习惯。

管理者要能够抽丝剥茧，把那些不那么重要的事情委派给下属去做，而更重要的事情——如企业的决策等事项则由自己亲自完成。

工作可以分成两种：重要的和不重要的，或是，有关系和没有关系的。在达到主要目标的过程中，我们所能使用的所有事实都是重要而有密切关系的；而那些不重要的则往往对整件事情的发展影响不大。做到把重要的、与目标有关的问题抽离出来，进一步地分析论证并最终找到症结所在，就是重点思维的运用。

管理者成功的原因会在哪儿呢？主要还是集中精力去完成最重要的事情，优秀的管理者深谙此道。柯尔森就是一个具有重点思维习惯，并成功运用到实际工作中的人。

柯尔森就读于瑞典斯德哥尔摩经济学院，他 1968 年毕业后，进温雷索尔旅游公司从事市场调研工作。3 年以后，北欧航联出资买下了这家公司。柯尔森先后担任了市场调研部主管和公司部经理。在熟悉公司各项业务的基础上，他成功解决了经营中的主要问题。

柯尔森的经营才华引起了北欧航联的高度重视，他们决定对柯尔森进一步委以重任。航联下属的瑞典国内民航公司购置了一批喷气式客机，由于经营不善，到最后甚至无力付清购机款项。1978 年，柯尔森调任该公司的总经理。

柯尔森上任不久，在分析了公司经营中的各项问题后，他认为症结出现在这里：国内民航公司所订的收费标准不合理，早晚高峰时间的票价和中午空闲时间的票价一样。柯尔森全力解决这个问题，他将正午班机的票价削减一半以上，此举吸引了大批旅客，载客量猛增。柯尔森主管后的第一年，国内民航公司即转亏为盈，获得了相当丰厚的利润。此外，柯尔森做出决定，把那些庞大的"空中客车"撤出航线，仅供包租之用，辟设了奥斯陆——巴黎之类的直达航线。

此外，柯尔森注意到如何满足客户的需求。市场上的那些新型飞机，不能引起柯尔森的兴趣，他说，就乘客的舒适程度而言，从DC—3客机问世之日起，客机在这方面并无多大的改进。他敦促客机制造厂改革机舱的布局，腾出地盘来加宽过道，使旅客可能随身携带更多的小件行李。柯尔森的目标是，通过对已使用达14年之久的飞机进行整容，旅客觉得客机是新的。北欧航联拿出1500万美元（约为购买一架新DC—9客机所需要费用的65%）来给客机整容翻新，更换内部设施，让班机服务人员换上时髦新装。一系列改革之后，公司的DC—9客机队将继续使用到1990年左右。靠那些焕然一新的DC—9客机，招徕了大量的商业旅客。

柯尔森在企业经营方面把握问题的关键，成功地解决了一个又一个难题。他为整个航空公司赢得了巨大的声誉和利益。

柯尔森是一个杰出的管理者，是善于运用重点思维的典范。

成功人士遇到重要的事情时，一定会仔细地考虑：应该把精力集中在哪一方面呢？怎么做才能使我们的人力、精力与体力损害最少，但又能获得最大的效益呢？

很多管理者显得比任何人都忙，并不是因为他们需要处理比别人更多的难题，只是因为他们不善于合理规划所要处理的事情。处理问题时既分散，又没能抓住最重要的问题，自然不能取得好的效果。

懂得重点思维，成功地解决问题，从而赢得经营上的成功和丰厚的利润。一个人只有养成了重点思维的习惯，才能在实际中避免眉毛胡子一把抓，比起其他人也更为轻松愉快。

界定问题，然后第一时间解决问题

解决问题就要学会寻找问题的主要矛盾，抓住造成问题的重点和关键。

——北大管理理念

世界著名的管理顾问大师彼得·德鲁克在为企业家提供咨询时，企业家总会提出一大堆的难题向德鲁克请教。德鲁克一般不会正面回答这些问题，而是对客户说："你最想做的事是什么呢？""你为什么要去做呢？""你现在正在做什么事呢？""你为什么这样做呢？"这时候，德鲁克并不替客户"解决问题"，而是替客户"界定问题"。

正确地界定问题，是正确解决问题的第一步。正如爱因斯坦所说，将一个问题正确地界定，等于已经解决了问题的一半了。如果没有正确地界定问题，会很容易造成瞎忙的结果。

我们先来看一个工厂的小工是如何帮助自己的老板解决了一个大难题的：

故事发生在美国实业家洛宾·维利的制鞋工厂里。

洛宾·维利在工厂初创阶段，几种款式新颖的鞋子受到消费者的欢迎。结果订单纷至沓来，工厂生产忙不过来。虽然工厂招聘了一批生产鞋子的技工，仍供不应求。订单完不成，洛宾面临着大笔赔偿的危险。为此，他召集工厂所有的人来研究对策。

期间，一位年轻的工人举手发言了，他说："我认为，我们的根本问题不是要找更多的技工，其实不用这些技工也能解决问题。因为真正的的问题是提高生产量，增加技工只是手段之一。"他怯生生地接着提出："我们可以用机器来做鞋。"

小工的话听起来完全是无稽之谈，但是却深深触动了洛宾。

他说："这位小兄弟指出了我们的一个思想盲区，我们一直认为我们的问题是招更多的技工，但这位小兄弟却让我们看到了，真正的问题是要提高效率。"4个月后，通过研发，生产这几款鞋子的机器真的被生产出来了，世界从此进入到用机器生产鞋子的时代。

后来，洛宾在自传特别强调说："这位员工永远值得我感谢。这段经历，使我明白了一个十分重要的道理：遇到难题，首先是对问题进行正确界定。假如不是这位员工给我指出我的根本问题是提高生产率而不是找更多的工人，我的公司就不会有这样大的发展。"

在发现问题之后，认真分析问题，并正确界定问题所在才是关键。"遇到难题，首先是对问题进行正确界定。"这样才能有的放矢，水到渠成。

抓住问题的关键，就等于找到了解决问题的钥匙。主角总是起关键性的作用，问题的关键也不例外。善于把握问题的关键是提高一个人做事目的性的关键。一个人做事如果不能找出问题的关键，那么他就无法抓住自己的主要目的，当然也不能成为一个做事有目的的人，更不会成为一个成功的人。

很多时候，造成事情的原因并不那么清晰，总是让人无处着手。因此，就要学会如何把握问题的关键。

下面的几个方法，可以帮助我们更好地掌握界定问题的艺术。

1. 发现问题的真正目的

迅速解决问题的关键就是要对问题有一个正确的界定，即要找准"靶子"。

20世纪50年代，全世界都在研究制造晶体管的原料——锗，普遍认为最大的问题是如何将锗提炼得更纯。最初，日本的江崎博士和助手黑田百合子认同此观点，并进行提炼研究。

但无论采用什么方法，锗里都会混进一些杂质，而且每次测量的数据都不同。后来他们反思：最大的问题应是要让锗能制造出更好的晶体管。于是，他们有意地一点儿一点儿添加杂质，反复试验。结果在将锗的纯度降到原来的一半时，一种最理想的晶体产生了。此项发明一举轰动世界。

在这个例子中对问题错误的界定是将锗提纯。而正确的界定是制造出更好的晶体管。制造更好的晶体管，这才是解决问题的根本方法。

2. 提升要界定问题的层次

对问题正确地界定往往很难，但也有诀窍，尝试改变界定问题的层次。

20世纪80年代，罗伯特·郭思达当上了可口可乐的CEO。此时，可口可乐与百事可乐正处于竞争白热化阶段。可口可乐的一部分市场已被蚕食。为收复失地，占领更大的市场，大家讨论不息。许多下属管理者，都把焦点集中在如何增强竞争力上。

罗伯特却从更深的层面来思考这个问题，他让下属弄清这样一些问题：

"美国人一天平均的液体食品消耗量为多少？"

"64盎司。"

"那么，可口可乐在其中占多少？"

"2盎司。"

一听到这样的答案，他便宣布：我们的竞争对象不是百事可乐，我们需要做的是提高市场占有率，要占掉市场剩余的水、茶、咖啡、牛奶及果汁等，要将市场份额指标纳入到世界液体饮料市场上来。为此，可口可乐采取了一些新的竞争战略，如在每个街头摆上贩卖机。销售量也因此节节上升，赢得老大的头把交椅。

3. 从问题反面入手

事物都有两面性，在正面不能解决问题时，可以尝试从反面入手，或许问题就迎刃而解。

"二战"时的一天夜晚，苏军准备趁黑夜向德军发起进攻。可是当晚的天气条件很不利，军队要做到高度隐蔽而不被对方察觉十分困难。

苏军元帅朱可夫对此思索良久，突然想到一个主意，立即发出指示：将全军所有的大探照灯都集中起来。在向德国发起进攻时，苏军的 140 台大探照灯同时射向德军阵地。

极强的亮光把隐蔽在防御工事里的德军照得睁不开眼，什么也看不见，只有挨打的份。苏军很快就突破了德军的防线。

在这里，问题的关键不是天黑，而是看不见。正确地界定了问题，胜利必然在握。

4. 养成问问题的习惯

要发现问题的关键，我们还应当养成问问题的习惯。出现问题，多问几个"为什么"，有助于我们找到问题的关键，发现解决问题的办法。

不仅如此，经常问自己一些问题，还有下面几个好处：

（1）可立即转变你的注意力，因而转变你的心情。

（2）可以改变或转换你头脑中所删除的经验。

（3）可以帮助你发掘内在的潜力。

比如，作为一名企业管理人员，可以试着在工作中问自己下面 5 个问题，然后充分发挥自己的创造性思维解决它们，提升自己的工作效能。

问题 1："什么是我最值得重视的事情？"

做什么事情对公司、对事业和生活贡献最大？如果想要有出色的表现，就必须先弄清楚这个问题。

问题 2："我的主要职责是什么？"

需要注意的是，责任必须非常具体，有衡量标准，也有时间限制。

问题3："我在为什么而工作？"

问题4："什么事情只能由我来做，没有我不行？"

如果某件事情只能由自己来做，或者是只有自己才能做得最好，那我们的价值就会体现出来。

问题5："什么是我当前迫切需要做的？"

如果能自问自答这5个问题，并且全力以赴地去做好这些事情，工作就会有的放矢，就会找到努力的方向。

正如治病必须要寻找病根一样，只有抓住了问题的关键，事情才能够顺利解决。界定问题，然后第一时间解决问题，懂得抓住问题的关键所在，才能高效率地完成工作。

制定任务清单，让工作条理化

条理化是一个人做事有效率的重要前提。

——北大管理理念

有的管理者总是被别人说成"慢条斯理"，但他们做事却井井有条，管理的效率也很高。仔细观察会发现，他们做事绝不会急于求成，也不会拖延，他们总是有条不紊，有先后、有轻重、有缓急，当然结果也是有效率的。

有些管理者整天很忙，但他们只是凭着自己的直觉做事，手头总是堆积着各种各样的事情，分不出先后顺序，每天都是在混乱和忙碌中开始和结束。

作家吴淡如在《心香淡如菊》中这样描写她的一个习惯：

我一直有个可怕的毛病，有一堆事情等待我处理时特别明显。比如说，我通常在早上写稿，中午自己弄东西给自己吃，"贪多务得"的习惯在这时候便展现无遗。

我会先把煮水饺的水烧开,然后看一看阳台上的花木,有几片枯黄的叶子该剪掉了,我立刻戴上了手套,寻找园艺用的剪刀。打理花木时我看见昨天晒的衣服还没收,待会儿可能要下雨了,于是我又放下剪刀,把衣服收进衣柜里。这时发现衣柜里的衣服放得有点儿不顺眼,又顺手理了理⋯⋯

糟糕,水早煮滚了,我放了水饺,心想,为什么不连餐后咖啡一起煮,省点儿时间呢?于是⋯⋯然后我又等得不耐烦了,随手翻开书架上昨天买的书,趁着空当读了起来。有一次,因为发现水饺快被我煮烂了,情急之下,赶紧熄火,掀开锅盖时,不幸地被旁边正在加热的摩卡咖啡壶所吐出的蒸气烫伤。

这位作家的经历很像某些管理者,他们总是同时处理好几件事情,以为这样可以节省时间。然而工作没有条理性,当几件事情同时进行时,却又无法把精力集中到每一件事情上,结果注定会造成忙碌而没有实效。

歌德说过:"选择时间就等于节省时间,而不合乎时宜的举动则等于乱打空气。"博恩·崔西在《简单管理》一书中也写道:"我赞美彻底和有条理的工作方式。一旦在某些事情上投下了心血,带着明确的目的去做事,就可以减少重复,这样就能够大大提高工作效率。"

工作没有条理性,做起事来必定像无头苍蝇一样乱撞。试想,如果一个经理一上午要见客户,要处理资料,又要写年度报告,而他又不懂得合理安排自己的工作秩序,于是找个材料就会花半天时间,没有确定工作的先后顺序,处理起工作来一定会事倍功半。

其实避免这种没有条理的混乱状况的方法很简单,就是制定一份工作的任务清单。要制定一份合适的任务清单,你应该首先试着在一张纸上毫不遗漏地写出你需要做的工作。

管理者可以先将自己必须干的工作,且不管它的重要性和顺序,一项也不漏地逐项排列起来。然后你要按这些工作的重要程度重新列表。重新列表时，你应该问自己：如果我只能干列表中的一项工作，首先应该干哪一件呢？然后再问自己：接着该干什么呢？用这种方式一直问到最后一项。这样自然就按着重要性的顺序列出自己的工作一览表。

任务分类是为了向自己传达一种对待任务的态度。任务可分为四类：必然及时完成的工作，必须完成、但可以稍微拖后的工作，完全没有必要完全的工作，时间允许的情况下最好能够完成的工作。这样，在填写清单的时候，你就可以根据自己的工作内容把自己的任务分门别类。

为了使任务清单可以发挥到最大的作用，让管理高效而条理化，你不仅要明确工作是什么，还要明确每年、每季度、每月、每日的工作及工作进程，确保高效而有条理地工作。为自己制定一个任务清单，时刻鞭策自己要做哪些工作，能有效节省时间。

为自己制定工作清单，不仅是一种不可估量的时间节约措施，而且是提醒人们记住某些事情的先后顺序，让做事充满条理的手段。

聚焦你的全部力量，每次只专心做好一件事

我发现如果自己试着同时做多种任务，我常常压力很大，而且不能集中。所以我试着一天中只做一件事，然后尽我所能做到最好。

——季羡林

一个人的精力总是有限的，即使天才也是一样。如果投入精力过于分散，就会像阳光散射在纸上；只有把精力集中到一点上，才有可能聚焦，使事业之纸燃烧。

集中精力专心去做一件事，这是高效能的重要方法。就像

通过凸透镜把众多光束集中到一个焦点，从而引起燃烧一样，人的智慧和力量也可以在"聚焦效应"作用下形成成才所需的必要能量。

戴尔公司董事会主席戴尔·迈克尔说过："专注，具有神奇的力量。它是一把打开成功大门的神奇之钥！它能打开财富之门，它也能打开荣誉之门，它还能打开潜能宝库的大门。在这把神奇之钥的协助下，我们已经打开了通往世界所有各种伟大发明和成功的秘密之门。"

有一位画家，很年轻但已经小有名气，曾经在国内外举办过多次画展，并且几次获奖。

也有人问他："你为什么这么年轻就取得了这么多的成就呢？"他微笑着讲述了父亲对他的教导：

小时候，这个画家兴趣非常广泛，但是做每件事情都是三分钟热度，不能专心做好一件事情。学习不错，课余爱好画画、拉手风琴、打篮球等很拿手，他是个要强的人，每件事情都要求自己得第一。这当然是不可能的。

他的父亲看到他这样的状态，于是，有一天，他把一个小漏斗和一捧玉米种子放在桌子上。告诉这个后来的画家说："今晚，我要给你做一个试验。"父亲让他双手放在漏斗下面接着，然后捡起一粒种子投到漏斗里面，种子顺着漏斗滑到了他的手里。父亲投了十几次，他的手中也就有了十几粒种子。然后，父亲抓起满满一把玉米粒一下子放在漏斗里面，玉米粒竟一粒也没有掉落下来。

父亲意味深长地说："假如你每次只专心做好一件事，每天你就会有一粒种子的收获。可是，当你想把所有的事情都挤到一起来做，反而连一粒种子也得不到。"

20 多年过去了，这个曾经的试验让画家记忆犹新：每次只专心做好一件事，你才会有所收获。

很多人像这位画家小时候一样，试图一次完成几件事情，做每件事情的时候都不专心，其结果是显而易见的。优秀的管理者都知道，每次只专心做好一件事，比没头没脑地同时做几件事更高效。因为，这样做起事来更专注，费时更少，出错更少，效率更高。

著名的管理学大师德鲁克在《管理的实践》一书中说过："我们多数人即使专心致志地在同一时间内只做一件事，也不见得真能做好，如果在同一时间内做两件事，那就更不必谈了。"

很少有人能同时完成多项工作，因为这几乎是不可能的事。如果想同时完成几项工作，结果只会造成"工作相互打架"，大大影响管理的效率。

管理者工作效率很低，原因在于同时做很多的事情，这就会导致做一件事心里想着另外一件事，导致自己无法将精力集中在一件重要的事情上。而那些高效能的成功人士在事业的道路上深谙"每次专心做好一件事"的益处。

2003 年，阿里巴巴的股东孙正义召集了他投资的所有公司的经营者们开会，每个人有 5 分钟时间陈述自己公司的现状，马云是最后一个陈述者。他陈述结束后，孙正义做出了这样评价：马云是唯一一个 3 年前对他说什么，现在还是对他说什么的人。

在 1999 年，马云在杭州以 50 万元人民币创业，建立阿里巴巴网站。这一时期，正值中国互联网最疯狂的时候，新浪、搜狐、8848 风生水起，互联网被人们称为"烧钱"的行业。从那时起，马云和他的同伴们所做的就是充满激情地向前走，永远地走下去。

2005 年 12 月 6 日至 16 日，在中央电视台经济频道举办的 2005 中国经济年度人物评选创新论坛上，马云应邀在北京大学中国经济研究中心演讲。在这次演讲中，马云再次重申了阿里巴巴对专心致志地做好一件事的坚决态度。

一辈子只要做好一件事，那就是很了不起的。马云刚创业时，面对的都是别人的长处，显露的是自己的短处。但是马云说，第一次创业的时候，你想做什么，到底要做什么？不要受外界影响，你自己就要确定你今天就是要做这个事情。马云正是靠着专心地做一件事——电子商务，才获得了阿里巴巴今天的辉煌。

在传媒界流行着这样一句话："一个人围着一件事转，最后全世界可能都围着你转；一个人围着全世界转，最后全世界可能都会抛弃你。"管理者必须懂得专心的重要性，我们最应该做的就是集中心智全力以赴将一件事做好。

10只兔子放在面前，你到底抓哪一只？有些人虽然决定了抓这只兔子，心里却想着另一只。一会儿抓那只兔子，心里又想着另外一只，最后可能一只也抓不住。马云说："我一次只能专心抓一只兔子，抓多了，什么都会丢掉。"马云的回答是不是给管理者们以启示呢？

"每次只做好一件事"这不仅是高效能管理人士的一项行为要求，更是成功的一个捷径。

第九章 潜能管理课：
激发个人潜力，将"小草"变成"大树"

有关潜能的三个疑问

每一个人的内部都有相当大的潜能。

——北大管理理念

多年来，人人都知道要用不到 4 分钟的时间跑完一英里的路程是不可能的。生理学刊物上刊登的文章也证明，人类的体力无法达到这个极限。但是，罗杰·贝尼斯特却于 1954 年打破了 4 分钟的纪录。谁也没想到，不到两年，又有 10 位运动员打破了这项记录。

这其实就证明了一个道理，人类的潜能是可以取得突破的。人的潜能犹如一座待开发的金矿，蕴藏量无穷，价值无比，我们每个人都有一座潜能金矿。

关于潜能，我们也许在生活中亦时有耳闻，甚至一些人有过亲身经历——地震中的人能推开巨石，火灾中的人能搬动平时力所不及的重物。在通常状态下，我们所表现出来的体力也许还不足那时的 1/10。

这是什么原因呢？一些专家的解释是：当身体机能对紧急状况产生反应时，肾上腺会大量分泌激素，传到整个身体，从而产生出额外的能量。这就是潜能，但是，潜能究竟是怎么来的呢？

管理者对自己进行潜能开发或对激发员工潜能时，需对潜能有全面的认知。

1. 潜能人人都有

对于人类所拥有的无限潜能，世界顶尖潜能大师安东尼·罗宾曾讲过这样一个故事：

一位已被医生确定为残疾的美国人梅尔龙，靠轮椅代步已12年。他的身体原本很健康，19岁那年，他赴越南打仗，被流弹打伤了背部的下半截，被送回美国医治，经过治疗，他虽然逐渐康复，却没法行走。

他整天坐轮椅，有时就借酒消愁。有一天，他从酒馆出来，照常坐轮椅回家，却碰上3个劫匪，动手抢他的钱包。他拼命呐喊拼命抵抗，却触怒了劫匪，他们竟然放火烧他的轮椅。轮椅突然着火，梅尔龙忘记了自己是残疾，他拼命逃走，竟然一口气跑完了一条街。事后，梅尔龙说："如果当时我不逃走，就必然被烧伤，甚至被烧死。我忘了一切，一跃而起，拼命逃跑，等到停下脚步，才发觉自己能够走动。"

一个人通常都存有极大的潜在体力。安东尼·罗宾指出，人在绝境或遇险的时候，往往会发挥出不寻常的能力。人没有退路，就会产生一股"爆发力"，这种爆发力即潜能。然而，由于情境上的限制，人只发挥了其1/10的潜能。

人体内确实具有比表现出来的更多的才气、更多的能力、更有效的机能。我们每一个人的身体内部都有这种天赋的能力，也就是说，我们每一个人都有创造的潜能。

不论有什么样的困难或危机影响到你的状况，只要你认为你行，你就能够处理和解决这些困难或危机。对你的能力抱着肯定的想法就能发挥出你的潜能，并且因而产生有效的行动。

2. 潜能时时皆有

在我们的所见所闻中，似乎只有身处危急时才会激发人的潜能，大量的报道似乎也证明：潜能是在人们感到自身生命或相关的重要事物受到巨大威胁时，注意力达到高度集中的状态才能被引发，但实际上，潜能并不仅仅在此时才会激发。

我们没有必要去追求那种短暂的、随机性极强的突发性潜能释放，我们需要的是持久的、能够随时为我们所用的潜能激发。

我们不妨来看几则有关"兽孩"的报道，也许你能从中受到启发。

"狼孩"——1972 年夏天（有报道为 1975 年 5 月），印度居民那尔辛格在森林中发现一个大约 3 岁的狼孩。其将狼孩取名为巳斯卡尔，送往印度克瑙市的传教士的医院里。该狼孩用四肢奔跑的速度超越了成年男子，力气也相当大，其在 1985 年时死去。

从 1969 年开始，一直居住在新德里德勒撒修道院里的"狼妇"比迪亚，是由一对在丛林中打猎的美国夫妇发现的。当 1985 年记者采访她时，她已经满脸皱纹，满头灰发，看上去像 70 岁左右，但动作仍如狼一般快速敏捷。

"猴孩"——1927 年，印度发现两个在猴群中长大的女孩，她们能够像猴子那样爬树摘果，奔腾跳跃。

"豹孩"——1923 年在印度发现，据说其用四肢奔跑的速度之快不亚于真豹。

另外还有法国 12 岁的"羚羊孩"，跳跃幅度惊人，善于攀登悬崖峭壁；法国 10 岁的"海豹孩"，不惧寒冷，赤身裸体生存于冰川之间……

"兽孩"所拥有的比人类更加突出的惊人体力，证明人类可以持久性地使潜能表现出来，但关键在于我们怎样培养。

不管是常人的瞬间潜能释放，还是"兽孩"所具备的超常能力，作为人类，我们都拥有相同的身体结构，这就意味着，只要受到相似的刺激影响，就有可能激活我们的潜能。

3. 潜能可以随时开发

潜能是人类最大而又开发得最少的宝藏。无数事实和许多专家的研究成果告诉我们：每个人身上都有巨大的潜能还没有开发出来。美国学者詹姆斯根据其研究成果表明："普通人只开发了他蕴藏能力的 1/10，与应当取得的成就相比较，我们不过是半醒着的。我们只利用了我们身心资源的很小很小的一部分。"

科学家发现，人类贮存在大脑内的能力大得惊人，人平常只发挥了极小部分的大脑功能。要是人类能够发挥一大半的大脑功能，那么可以轻易地学会 40 种语言、背诵整本百科全书，拿 12 个博士学位。

有人会说："只是一个人，而且是一个平凡的人。因此，我从来没有期望过自己能做出什么了不起的事来。"实际上，每个平凡的人都可以开发自己的潜能。

在"二战"期间，一艘美国驱逐舰停泊在某国的港湾。一名士兵照例巡视全舰，突然停步站立不动，他看到一个乌黑的大东西在不远的水上浮动着。那是一枚触发水雷，正随着退潮慢慢向着舰身中央漂来。

他赶紧通知值日官，并且发出全舰戒备讯号，全舰立时动员了起来。在这千钧一发的时刻，官兵都愕然地注视着那枚慢慢漂近的水雷，大家明白灾难即将来临。

因为当时的情境非常危急，他们起锚离开，却已经没有足够时间；发动引擎，只会使水雷更快地漂向舰身；以枪炮炮火引发水雷也不行，因为那枚水雷太接近舰里面的弹药库。放下一支小艇赶走水雷也不可行，因为那是一枚触发水雷。悲剧似乎是没有办法避免了。

突然，一名水兵想出了比所有军官所能想的更好的办法。"把消防水管拿来。"他大喊着。他们向艇和水雷之间的海面喷水，制造一条水流，把水雷带向远方，最后再用舰炮引炸了水雷。

我们每一个人的身体内部都有这种天赋的能力，也就是说，我们每一个人都有创造的潜能。

任何成功者都不是天生的，成功的根本原因是开发了人的无穷无尽的潜能。只要你抱着积极心态去开发你的潜能，你就会有用不完的能量，你的能力就会越用越强。

爱迪生曾说："如果我们做出所有我们能做的事情，我们毫无疑问地会使我们自己大吃一惊。"从这句话中，我们可以问自己："你一生有没有使自己惊奇过？"

别轻易说已经尽力，"逼"出自己的潜能

每个人的潜能都是来自于自我的强迫中，你不强迫自己工作，你永远不知道自己有多能干。

——朱文彪
（北京大学教授）

工作中，我们总会遇到一些困难，想了许多办法仍无法解决。于是有人便认为"已是极限"，或是"已经尽力"，心安理得地让工作不再推进。但这真的已经是你的极限了吗？如果把你逼到了角落，你会发现："尽力""极限"只不过是借口，自身的潜能还能被逼出来，问题也能最终被解决。

近代的科学家们认为，人在自己的一生中，仅仅运用了大脑能力的10%，也就是说，还有90%的大脑潜能白白浪费了。许多事实表明，每一个人身上都有巨大的潜能没有开发出来。而有研究更进一步指出，以前人们对大脑的潜能估计太低，我们根本没有运用大脑能力的10%，甚至连1%也不到。

众所周知的比尔·盖茨是一位杰出的管理者，在他11岁时就能背诵《圣经》第五章到第七章的全部内容，老师惊叹他怎

么能将几万字的内容一字不落地背诵时，比尔·盖茨说了一句话："我竭尽全力。"

潜能库是如何被找到的呢？我们现在使用的许多东西，当初发明它们的创意就是被"逼"出来的。

格德纳是加拿大某家公司的普通职员。一天，他不小心碰翻了一个瓶子，瓶子里装的液体浸湿了桌上一份正待复印的重要文件。

格德纳很着急，因为文件上的字可能因此看不清了，这可是闯了个祸。他赶紧抓起文件来仔细察看，令他感到欣慰的是，文件上被液体浸染的部分，其字迹依然清晰可见。当他拿去复印时，又一个意外情况出现了，复印出来的文件，被液体污染后很清晰的那部分，竟变成了一团黑斑，这又使他转喜为忧。

为了消除文件上的黑斑，他绞尽脑汁，但一筹莫展。在万分无奈之际，突然，他的头脑中冒出一个针对"液体"与"黑斑"倒过来想的念头。自从复印机发明以来，人们不是为文件被盗印而大伤脑筋吗？为什么不以这种"液体"为基础，化其不利为有利，研制一种能防止盗印的特殊液体呢？

格德纳利用这种逆向思维，经过长时间艰苦努力，最终把这种产品研制成功。但他最后推向市场的不是液体，而是一种深红的防影印纸，并且销路很好。

格德纳没有放过任何一次复印中的偶然事件，由字迹被液体浸染后变清晰，复印出的却是黑斑这一现象，联想到文件保密工作中的防止盗印，由此开发了防影印纸。格德纳发掘潜能，与他在这种紧张的情况逼出自己的新创意是紧密相连的。

由于没有学会观察与思考，往往是"视而不见""听而不闻"或"见而不思""闻而不想"，所以根本找不到解决问题的创意和方法。如果真正学会了观察与思考，善于从繁杂的日常生活中捕捉信息，探求真谛，就会涌现无限的潜能，找到无限的创意了。

　　从另外一个方面来看，一个人的潜能往往是在迫不得已的情况下发挥的。管理者不仅不怕"逼"，而且还主动"逼"自己。他们常常表现为自己跟自己过不去，自己逼自己，使自我经常处于一个积极进取、创新求变的良好的紧张状态，使潜能时常处在激发状态。除了在日常工作学习中要有这样的心态，他们还定立较高的目标来"逼"自己，提升自己。

　　逼自己，就是战胜自己，必须比自己的过去更新；逼自己，就是超越竞争，必须比别人更新。别人想不到，我要想到；别人不敢想，我敢想；别人不敢做，我来做；别人认为做不到，我一定要做到。

　　面对工作中的问题，我们要做的不是惧怕，不是失去信心，而是迎难而上，竭尽全力，直到最后。

　　李思林大学毕业之后在一家保险公司做业务代表。这是一项很让人头痛的工作，因为很多人都对保险业务员敬而远之，所以，李思林的工作开展起来很困难。

　　办公室的其他业务员整天对自己的这份工作抱怨不停："如果我能找到更好的工作，我肯定不会在这里待下去。""那些投保的人，太可恶了，整天觉得自己上当了。"当然，这些人只能拿到最基本的薪水。

　　唯有李思林和他们不一样。尽管李思林对现状也不是很满意，薪水不高，地位不高，但是李思林仍然感恩自己的工作，因为他知道，与其说是放弃工作，不如说是在放弃自己。在这个世界上，没人强迫你放弃自己，除非你主动为之。因为李思林还相信，努力是没有错误的，努力还会让平凡单调的生活富有乐趣。

　　于是，李思林主动去寻找客户源。他熟记公司的各项业务情况，以及同类公司的业务，对比自己公司和其他同类公司的不同，让客户自己去选择。虽然一些人很希望多了解一些保险方面的常识，但是他们对保险业务员的反感使他们在这方面的知识很欠缺。李思林知道这些情况之后，主动在社区里办起"保险小常识"讲座，免费讲解。

人们对保险有了更多的了解，也对李思林有了好印象。这时，李思林再向这些人推销保险业务，大家没有反感，而是乐于接受。李思林的工作业绩突飞猛进，当然薪水也有了很大的提高。

如果李思林不解决问题，就会面临着前怕狼、后怕虎的局面，我们在工作中应该全力以赴去解决我们遇到的每一个问题。

"不管做什么事，都要全力以赴。"罗素·康威尔说："成功的秘诀无他，不过是凡事都要自我要求达到极致的表现而已。"成功的人绝对不会以做完为目标，他们不管做什么事情，都会全力以赴以达到更高效的结果。

"你竭尽全力了吗?"或许我们每个人都应该这样问自己。如果不能事事全力以赴，恐怕很难在职场中获得更大的成功。成功向来偏向付出最多努力的人，没有尽自己最大的努力，很难取得令人羡慕的成就。

逼自己，一方面，要勇于接受挑战，把自己放进新条件、新情况、新问题中，逼到走投无路，才会想方设法、破釜沉舟，才会背水一战，如兵法所说"置之死地而后生"。另一方面，要用"自律"来逼，用目标管理、时间管理来逼，用行动结果来逼。以创新之心逼出创新的行为，得到高效的结果。

摆脱约拿情节，不再自我设限

不要给自己设限，让自己跳脱出原有的圈子。

——北大管理理念

"约拿情结"是一种看似十分矛盾的现象。约拿是《圣经》中的人物。据说上帝要约拿到尼尼微城去传话，这本是一种难得的使命和很高的荣誉，也是约拿平素所向往的。但一旦理想成为现实，他又感到一种畏惧，感到自己不行，想回避即将到来的成功，想推却突然降临的荣誉。这种成功面前的畏惧心理，心理学家们称之为"约拿情结"。

人们总是害怕自己不成功，这可以理解，因为人人都不愿意正视自己低能的一面。但是，人们还会害怕自己会成功，这就很难理解。但这的确是事实：人们渴望成功，又害怕成功，尤其害怕争取成功的路上要遇到的失败，害怕成功到来的瞬间所带来的心理冲击，害怕取得成功所要付出的极其艰苦的劳动，也害怕成功所带来的种种社会压力……

约拿情结是一种情绪状态，并导致我们不敢去做自己能做得很好的事，甚至逃避发掘自己的潜力。从某种角度来讲，约拿情节就是给自己设限，不让自己跳脱出原有的圈子。

科学家曾做过一个有趣的实验：

他们把跳蚤放在桌上，一拍桌子，跳蚤迅即跳起，跳起的高度均在其身高的 100 倍以上，堪称世界上跳得最高的动物。然后在跳蚤头上罩一个玻璃罩，再让它跳，这一次跳蚤碰到了玻璃罩。连续多次后，跳蚤改变了起跳高度以适应环境，每次跳跃总保持在罩顶以下的高度。接下来逐渐改变玻璃罩的高度，跳蚤都在碰壁后主动改变自己的高度。最后，玻璃罩接近桌面，这时跳蚤已无法再跳了。科学家于是把玻璃罩打开，使劲拍桌子，跳蚤仍然不会跳，变成"爬蚤"了。

行动的欲望和潜能已被自己扼杀，科学家把这种现象叫作"自我设限"。跳蚤变成"爬蚤"，原因在于玻璃罩已经罩在了它的潜意识里。

我们是否也为自己罩了一个玻璃罩呢？实际上，有很多人遭受了外界太多的批评、打击和挫折，于是奋发向上的热情、欲望变成了"自我设限"的观念，这就影响了自己潜能的开发，影响了个人的成长。"自我设限"只是你潜意识里的一种想法，只要你肯走出来，肯向外拓展，那么一定能不断成长。

马斯洛在给他的研究生上课的时候，曾向他们提出过如下的问题："你们班上谁希望写出美国最伟大的小说？谁渴望成为一位圣人？谁将成为伟大的领导者？"根据马斯洛的观察和记录，他的学生们在这种情况下，通常的反应都是咯咯地笑，红着脸，显得不安。马斯洛又问："你们正在悄悄计划写一本伟大的心理学著作吗？"他们通常也都红着脸、结结巴巴地搪塞过去。马斯洛还问："你难道不打算成为心理学家吗？"有人小声地回答说："当然想了。"马斯洛说："那么，你是想成为一位沉默寡言、谨小慎微的心理学家吗？那有什么好处？那并不是一条实现自我的理想途径。"

人类中普遍存在某种约拿情结，人们总是逃避卓越、成长。曾经有一家跨国企业在招聘中出了这样一道题："就你目前的水平，你认为十年后，自己的月薪应该是多少？你理想的月薪应该是多少？"

结果，有些人回答的数目奇高，而这样的应聘者全部被录用。其后主考官解释说："一个人认为自己十年后的月薪竟然和现在差不多或者高不了多少，这首先说明他对自己的学习、前进的步伐抱有怀疑的心态，他害怕自己走不出现在的圈子，甚至干得还不如现在好。这种人在工作中往往没什么激情，容易自我设限，做一天和尚撞一天钟。他对自己的未来都没有追求，拿什么让我们对他有信心呢？"

不要轻易给自己设定一个"心理高度"，这往往在潜意识里是告诉自己：我是不可能做到的，这个是没有办法做到的。可你要知道，过去并不代表未来，不论你曾经失败过多少次，受过多少挫折，未来一定会超越这些挫折。

张伟是某家保险公司的新职员，但入职一年时间，工作业绩始终提不上来。他自己知道原因，这还要回到他工作第一天打的第一个电话。

当张伟热情地拨通电话，联络自己的第一个客户时，尽管已经想到了会遭遇到拒绝。但令他没想到的是，他刚说明自己的工作身份，对方就骂了起来，对方拒绝了他的推销，声称自己身体很好，不需要什么保险。从那以后，张伟对电话营销便有了阴影，说话总是没有底气，自然就没有多少人愿意向他买保险。这种影响越来越大，他甚至不再愿意去摸电话。

一年后，他开始想，自己或许并不适合这份工作。经理鼓励他要给自己机会，没有谁是生来就注定要成功的，也没有人会一直失败。听了经理的话，张伟深受激励，他鼓足勇气，决定搏一搏。他找出一个曾经联系过却被拒绝的客户资料，仔细研究他的需要，选择了一份适合他的险种。一切准备妥当后，他拨通了对方的电话，他的自信和真诚征服了那个客户，对方买下了他推销的保险。他终于打破了自我设限，从此慢慢地克服了对电话营销的恐惧。

其实，摆脱约拿情绪远远没有你想象的那样可怕，更不是牢不可破的。只要你摒弃固有的想法，尝试着重新开始，你便会对以前的忧虑和消极的态度报以自嘲。

我们大多数人内心都深藏着"约拿情结"。心理学家们分析，我们心中容易产生"我不行""我办不到"等消极的念头，如果周围环境没有提供足够的安全感和机会供自己成长的话，这些念头会一直伴随着我们。

我们每个人其实都有成功的机会，但是在面临机会的时候，只有少数人敢于打破平衡，认识并摆脱自己的"约拿情结"，勇于承担追求高效带来的责任和压力，最终抓住并获得成功的机会。

西方有句谚语说得好："上帝只拯救能够自救的人。"拿破仑·希尔曾经说过，一个人唯一的限制，就是自己头脑中的那个限制。唯有自己才能挣脱自我设限。如果你不想去突破，挣脱固有想法对你的限制，那么没有任何人可以帮助你。

现实中，总有一些优秀的人由于受到"心理高度"的限制，常常对成长望而却步，结果痛失良机。管理者应该引导自己和员工及时摆脱自身"心理高度"的限制，打开制约成功的"盖子"。

"你的身后缺少一匹狼"：让压力激发潜能

人一出生就伴随着压力，压力保证了生命的质量。没有压力的人不会知道生活的分量。

——曹文轩
（北京大学教授、著名作家）

运动场上经常会看到这样的现象：运动员在大场面的锦标赛或奥运会决赛时，他们的水准发挥得最好。对大赛的这种压力，不同的人有不同的反应。有些人被压力压垮，但另一些人则借压力刷新世界纪录。这些大赛场合，也往往是打破世界纪录最多的场合。

人们在正确认识压力的同时，还应该感谢压力所赐予的其他东西，即人的潜能。古语曾有"置之死地而后生""破釜沉舟"等说法，讲的就是事情往往到了压力的最后关头才有转机，当事者才不得不冷静下来，绞尽脑汁去思考转危为安的方法。

在工作中，管理者要对员工施加适当的压力。有压力，才不会使员工在现实中慢慢地腐朽，才会使他始终保持着昂扬的斗志。因此，给下属一定的压力，其实也是一种激发潜能的方式。

有这样一个故事：

有位名不见经传的年轻人，第一次参加马拉松比赛便获得冠军，而且还打破了世界纪录。

当他冲过终点时，许多记者蜂拥而上，不断地问："你怎么会有这样好的成绩?"

年轻的选手气喘吁吁地回答:"因为,我身后有一匹狼!"

听他这么一说,所有的人全都惊恐地回头张望,当然,他身后没有什么可怕的东西!

这时,他继续说:"三年前,我在一座山林间,训练自己长跑的耐力。每天凌晨,教练就叫我起床练习,但是,即使我尽了全力练习,却一直都没有进步。"

年轻人这时停下脚步,继续说:"有一天清晨,在训练的途中,我忽然听见身后传来狼的叫声,刚开始声音很遥远,但是没几秒钟的时间,就已经来到我的身后,当时我吓得不敢回头,只知道逃命要紧。于是,我头也不回地往前跑,而那天我的速度居然突破了!"

他接着说:"教练当时对我说:'原来不是你不行,而是你身后少了一只狼!'我这才知道,原来根本没有狼,那是教练伪装出来的。从那次之后,只要练习时,我都会想象自己身后有一只狼正在追赶,包括今天比赛的时候,那匹狼依然追赶着我!"

如何激发自己的潜能,是许多人追寻的目标。为了发挥潜能,有人随时调整自己的思维与习惯,让自己面对更多的挑战,并不断地突破自己。

在工作中,很多人一听到压力总是皱起眉头,感到压力是一种让人喘不过气来的力量。殊不知,压力还有它的另一面积极的动力。就好像故事中的这位运动员一样,在没有感受到压力的时候,它总是不能够发挥出自身的潜能,并且因为一直无法取得良好的效果,还导致它对自身能力产生了怀疑。但是,等"狼"出现后,终于发挥出了世界冠军的潜能。

每个人都要随时想象自己的身后有一匹狼。只有当适当的压力适时地莅临时,才能赋予我们生命以更新颖的意义,才能让潜力发挥到极致,而我们的世界也会因此而精彩绝伦。

初到百度的实习生，便被要求将所写的程序上线接受亿万用户的考验。幸运的话，能得到用户的认可；不过有的人却没有通过，会因为程序编写上的错误，导致成品废掉。如此严峻的考验，对于刚进百度的新人来说是很大的责任，也是很大的压力。

但是，正是在这样的压力下，实习员工的成长步伐是相当快的。大家会帮你找出错误来，进行修改，修改之后会很快上线，让你再次接受亿万次搜索的考验，而自己也正是这样一步一步从菜鸟变成"大拿"。

北大管理课认为，有压力时，外力容易激发人的内在潜能，迫使人们为了求得基本的生存和发展去奋斗；而优越的环境往往会使人失去外在的压力，失去激发潜能的内在动力。所以，在人生的道路上，我们应该把压力作为人生的助推器，从中获取前进的动力，不断激发自身潜能。

中国最大的饮料企业——娃哈哈集团总裁宗庆后，47岁时还在拉着三轮车奔走在杭州街头推销冰棍。而10年后，由他一手缔造的娃哈哈集团成了中国最大的饮料企业。他曾说："压力与逆境，使我增强了对环境的适应能力和承受挫折的心理能力。"

一位中国留学生刚到澳大利亚时，为了糊口，替人放羊、割草、收庄稼、洗碗……只要给一口饭吃，他就会暂且停下疲惫的脚步。

有一天，在唐人街一家餐馆打工的他，看见报纸上刊出了澳洲电讯公司的招聘启事。他选择应聘线路监控员的职位。过五关斩六将，眼看就要得到该职位了，不想招聘主管却出人意料地问他有没有车、会不会开车，因为这份工作时常外出，没有车将寸步难行。可这位留学生初来乍到还属无车族，但为争取这个极具诱惑力的工作，他不假思索地回答了有车、会开车。

"4天后，开着你的车来上班。"主管这样说。

4天之内要买车、学车谈何容易？

他在华人朋友那里借了500澳元，从旧车市场买了一辆外表丑陋的"甲壳虫"。

第一天他跟华人朋友学简单的驾驶技术；

第二天在朋友屋后的那块大草坪上模拟练习；

第三天他歪歪斜斜地开着车上了公路；

第四天他居然驾车去公司报到了……

而今，他已是"澳洲电讯"的业务主管。

歌德曾说过："人的潜能就像一种强大的动力，有时候它爆发出来的能量，会让所有的人大吃一惊。"

大凡成功人士都经受过无数次压力，每天都觉得"身后有匹狼"。我们不应该逃避压力，相反，为了挖掘自己的潜能，往往应为自己创造一定的压力环境。

管理者要明白，必要的压力也可以起到极好的激励效果，甚至要比其他的激励方式更能够立竿见影，更为明显。适度的压力可以激发员工的潜能，让他们产生满足感和成就感。那么，对于管理者而言，如何才能让员工保持适度的压力呢？

1. 正确地认识压力

引导员工正确地认识和对待压力。认识到压力的本质是什么，认识到压力产生的必然性与必要性。不仅要让他们认识到压力消极的一面，也要让他们认识到压力积极的一面。然后，让他们在工作中保持适度的压力。

2. 正确地评估自己

在工作中，要让员工正确地评估自身的能力，针对不同的岗位、员工不同的工作能力，对他们施予不同的压力，让他们游刃有余地投入到工作之中，激发他们个人的潜能，让他们产生成就感。

提升期望值，充分挖掘员工潜力

> 信任和期待具有一种能量，它能改变一个人的行为。
>
> ——北大管理理念

美国心理学家罗森塔尔曾做过一个有趣的试验：他对一所小学中的 6 个班的学生成绩发展预测，并把他认为有发展潜力的学生名单用赞赏的口吻通知学校的校长和有关教师，并再三叮嘱他们对名单保密。但是实际上，这些名单是他任意开的。出乎意料的是，8 个月以后，名单上的学生个个学习进步、性格开朗活泼。原来，这些教师得到权威性的预测暗示之后，便开始对这些学生投以信任、赞赏的目光，态度亲切温和，即使他们犯了错误也相信能改正。正是这种暗含的期待与信任使学生增强了进取心，更加自尊、自爱、自信和自强，故而出现了"奇迹"。

这个心理效应带给我们这样一个启示：信任和期待具有一种能量，它能改变一个人的行为。当一个人获得另一个人的信任、赞美时，他便会感觉自己获得了支持，有一种积极向上的动力，并尽力达到对方的期待。

德鲁克认为人的潜力是无穷的，当管理者提出"你能做什么贡献"这个问题时，实际上就是在督促员工要充分挖掘自己的潜力，提升对下属的期望值，就能有效挖掘下属的潜力。

1961 年，韦尔奇已经来到 GE 工作一年了，他的年薪是10500 美元。这时候，韦尔奇的顶头上司伯特·科普兰给他涨了1000 美元，韦尔奇一开始觉得还不错，他以为这是公司对有贡献的人的奖赏，他看到了自身的价值。但他很快发现他的同事们跟他拿的薪水差不多。知道这个情况后，韦尔奇一天比一天萎靡不振，终日牢骚满腹。

一天，时任 GE 新化学开发部的主管鲁本·加托夫将韦尔奇叫到自己的办公室，对他说："韦尔奇，难道你不希望有一天能站到这个大舞台的中央吗？"

这次谈话被韦尔奇称为是改变命运的一次谈话，后来当上执行总裁的韦尔奇也一直尊称加托夫为恩师。

他决定让自己有一个根本性的改变，这时在他面前出现了一个机遇：一个经理因成绩突出被提升到总部担任战略策划负责人，这样经理的职位就出现了空缺。我为什么不试试呢？韦尔奇想。

韦尔奇不想看着这个可以改变自己的机会从自己眼前溜走，"为什么不让我试试鲍勃的位置？"韦尔奇开门见山地对他的领导说。

韦尔奇在领导的车上坐了一个多小时，试图说服他。最后，领导似乎明白了韦尔奇是多么需要用这份工作来证明自己能为公司做些什么，他对站在街边的韦尔奇大声说道："你是我认识的下属中，第一个向我要职位的人，我会记住你的。"

在接下来的 7 天时间里，韦尔奇不断给领导打电话，列出他适合这个职位的其他原因。

一个星期后，加托夫打来电话，告诉他，他已被提升为塑料部门主管聚合物产品生产的经理。1968 年 6 月初，也就是韦尔奇进入 GE 的第八年，他被提升为主管 2600 万美元的塑料业务部的总经理。当时他年仅 33 岁，是这家大公司有史以来最年轻的总经理。

1981 年 4 月 1 日，杰克·韦尔奇终于凭借自己对公司的卓越贡献，稳稳地站到了董事长兼最高执行官的位置上，站到了 GE 这个大舞台的中央。

可以说正是希望自己能站在"GE 的舞台中央"，使得韦尔奇最终站到了权力的最高点。即便员工已经拥有了卓越成绩，但若能进一步探究"你还能做哪些贡献"，那么一定能进一步激发潜能。

实际上，工作中领导的器重和同事的赞誉都是一些外在的评价，最重要的是我们自己要先器重自己，提升对自己的期待。别人的期待，都是外在的动力——最根本的是员工要提升对自己的期待。

吴士宏刚到 IBM（中国）工作时，当时在企业打工的只有两名北京本地人，一个是司机，一个就是专门打杂的她。

她的工作是一个不折不扣的蓝领，虽然很不体面，但她喜欢这份"一仆多主"的工作。每天被高级白领们呼来唤去的，她并不觉得委屈了自己，从早到晚都快跑断腿了，可她的脸上始终挂着快乐的微笑。

也许正是因为她的勤快和乐观，每个白领都很喜欢她。企业因为她的存在而变得更和谐、更团结起来，每个人都快乐地对待周围的人，面对不顺心的工作，大家见面时也不像以前那样冷冰冰地默不作声，而是微笑着互相打招呼。

而她不同于一般员工的表现引起 IBM 高级员工、美国人丽莎的好感和亲近："你不是一个普通的打工者，告诉我，你为什么与所有的人都相处得那么好？"

她说："什么原因也没有，我真的就是喜欢 IBM，喜欢这里的工作环境，尤其是这里的人。如果有朝一日，我也成为高级白领的话，我将会感到万分荣幸！"

"你会的。我们美国人说，爱会创造奇迹的。而且你和我们大家良好的合作关系，已经为自己打下了坚实的基础，我们每个人都愿帮你实现这个愿望！"丽莎鼓励她。

从此以后，这个勤杂工不但在他们下班后可以向其学学电脑，而且还在丽莎等人的帮助下通过考试，成了一名"助理工程师"。当她满怀感激地对丽莎说"谢谢"时，丽莎说："不用谢我，是你自己做到的。你对这个团队的热爱，使你产生了一种不顾一切的激情。它确实能使你战胜一切。"

是什么让一个地位卑下的异国打工者获得了周围所有人的喜爱，而愿意去帮助她？除了她自身的努力以外，另一个重要的因素就是她的乐观精神和积极的热情影响了其他人！

真正成为 IBM 的白领之后，她不但注意和所有同事的合作，而且对自己要求更加严格，凡是对 IBM 有利的事情，不管是分内分外，不管是苦是累，她都乐于抢在前头。

她常说的一句话就是："我以 IBM 为荣，我要通过自己的努力，让 IBM 也以我为荣！"

是的，她说到也做到了——从 1985 年打工时起，12 年后的 1997 年，她已成功出任 IBM 中国销售渠道总经理！

吴士宏虽然最开始职位低微，但是她并没有因此降低对自己的期待，正是这种期待使她能够从一个专门打杂的基层服务人员，一直做到 IBM 企业中国销售渠道总经理。内心期待什么就能做成什么，我们对自己的期待决定了我们成长的高度。

善于激发员工的工作动力是一位优秀领导者能力的标志之一。领导者如何将自己对员工的期望值有效传达给员工呢：

1. 让员工明确期望值

管理者与每一位员工交谈，都应该使用简单而直接的话语交流，来阐述企业的发展动向和对其的工作期望。仅仅一次的沟通是不会让员工们完全理解的，他们需要定期地进行有效的、重复性的沟通，以达增强和巩固的效果。

2. 给予员工明确的目标

想要实现什么样的目标，怎么样的计划去实现目标，为达到这一目标，大家该如何去做。确保员工们了解企业的战略目标，让员工明白在企业中该扮演怎样的角色。

3. 了解员工的需求

每一位企业员工都有自己的思想和需求，试着了解每一位员工的个人喜好，帮助他们能够理解你和对他们的期望，并且激发他们的工作斗志。了解员工正面对着怎样的挑战？只有通过真正的了解，领导者才能采取更加有效的方式激发员工的潜力，让他们更加努力。

挑战自我，突破劣势更要突破优势

> 激发自己的潜能，就是要不断突破自我。
>
> ——北大管理理念

北大管理理念也特别重视对自我挑战的培养，希望每个管理者都能够更有效地挑战自己，实现更高程度的自我完善和自我超越。

一个人要想挑战自己，首先要做的就是充分了解自己，但真正做到认识自己并不是一件容易的事。这是一个人自我完善的基本途径，每一次挑战都是一次自我进步，不平凡的人生正是由无数次挑战铺成的长路。

一名称职的管理者不应当满足于当前的自我，而是应当不断地突破自我。这是实现自我提升、挖掘个人潜力的重要步骤。罗素？康威尔说过："成功就是一个人能力极致的发挥"。他认为一个人的成功是一个不断打破自我极限，充分发挥自我潜能，不断追求自身最完美表现的过程。一个人只有不断打破自我认知和能力上的局限，只有敢于主动超越自我，才能够不断地超越自我，才能让自己取得更新、更大的成功。

然而，超越自我并不是一件简单的事情。美国大发明家爱迪生有过 1000 多项发明，被誉为发明大王，但他晚年却固执地反对交流输电，一味主张直流输电；电影艺术大师卓别林创造了生动而深刻的喜剧形象，但他却极力反对有声电影。爱迪生和卓别林都是大师，但很可惜，他们都没有能够做到超越自我。由此可见，要做到超越自我，是非常难的一件事。

但是芭芭拉·史翠珊却做到了。

芭芭拉·史翠珊在演艺事业达到巅峰之际，却突然决定制作以及执导《Yentl》这部电影。"你怎么会想到要这么做？"她身边的朋友都很不解。

"我并不是为成名或是发财才制作这部电影，"芭芭拉·史翠珊说，"我已经名利双收了，我之所以制作这部电影是因为有一天晚上我梦到自己死了，上帝把我生前真正具有的潜能展示在我面前，并且告诉我有些其实可以做，但是却因为自己太过胆怯而没有动手的事情，那时候我就下定决心，就算这部电影会耗费我所有的积蓄，我也要放手去做。"

芭芭拉·史翠珊决定超越自我，以此来走向更新、更大的成功。在她看来，挑战过去的自己，使她迈入了新的辉煌。

我们的每个方面都是通过自我挑战进行激发潜能，挑战自我主要从以下3个方面进行：

1. 挑战自己的优势

优势是一个人的能力在他所擅长的领域的具体表现，它往往能使人们产生自信。一个人在自己的优势方面取得突破，能使自己的优势更优、强项更强。因此，自己的优势未必永远是优势，唯有挑战自己，就能将优势永远保存。不故步自封，才能在自己的优势上走得更远。

贝多芬，这位耳熟能详的世界著名的音乐家，在他很年轻的时候，他的音乐就为他带来了声誉。但是造化弄人，这位天才的音乐家在26岁时失去了听力，这对于一个音乐家来说，失聪对音乐事业几乎是一个毁灭性的打击。

但是奇迹在贝多芬身上出现了，他用自己对音乐的深刻理解和热爱，走过了一段痛苦的时光后，又毅然决然地在音乐的道路上继续跋涉。他的那些最出色作品，那些驰名中外、至今不衰的传世名曲，几乎都是在失聪后完成的。

贝多芬的经历启示我们，即使是在逆境中，也要有不断挑战自我的精神，不断地发现更优秀的自己，实现自我的最大价值。

2. 挑战自己的弱势

在古希腊，演说家德摩斯梯尼天生口吃，嗓音微弱，还有耸肩的坏习惯。在常人看来，他似乎没有一点儿当演说家的天赋，因为在当时的雅典，一名出色的演说家必须声音洪亮，发音清晰，姿势优美，富有辩才。

德摩斯梯尼最初的政治演说是很不成功的，他第一次登台演讲的时候，观众把他哄下台去。讲得实在是不行。讲着讲着，肩膀还往上耸。

但是，德摩斯梯尼并不气馁，他回来以后，为了克服自己耸肩，他在棚上吊了两把剑，剑尖正好对着自己的肩膀，如果一耸肩就扎着他了。经过这样长期的练习，耸肩的毛病克服掉了。说话不清楚，怎么练？他虚心向著名的演员请教发音的方法。他找一个小鹅卵石含在自己的嘴里。他本来说话就不清，再含着鹅卵石是更不清了。经过艰苦的努力和训练，最后含着鹅卵石说话都非常清楚。

气不够用，怎么办？他边朗诵诗歌，边往山上跑。最后，三个毛病都克服掉了。德摩斯梯尼不仅训练自己的发音，而且努力提高政治、文学修养。他研究古希腊的诗歌、神话，背诵优秀的悲剧和喜剧，探讨著名历史学家的文体和风格。柏拉图是当时公认的独具风格的演讲大师，他的每次演讲，德摩斯梯都会前去聆听，并用心琢磨大师的演讲技巧……

经过十多年的磨炼，德摩斯梯尼终于成为一位出色的演说家。

德摩斯梯尼勇于向自己的弱势发起挑战，最终战胜了自我。我们要勇于挑战自己的弱势，相信通过自己的努力，一定会激发自己的潜力，改正自己的缺点，把弱势变为优势。

3. 向别人的成功发出挑战

人生活在社会群体中，唯有通过横向的对比，才能激发出自己的潜力。对于自卑自怜的人来说，别人的成功是他痛苦的源泉；对于自信自强的人来说，别人的成功既是他奋斗的坐标，也是有力的鞭策和鼓舞。

我们要敢于正视别人的成功，也敢于向别人的成功发出挑战。分析对方之所以成功的原因，并且找出自己与成功者之间的差距，然后努力向他们学习，最终赶上并试图超过自己的榜样。以他人的成功作为参照标准，在对别人的超越中也在不断超越自我，成为最优秀的人。

我们的人生志向并不是超越别人，而在于超越自己——刷新自己的纪录，使自己能够达到自身的极致境界。

勇于打破旧有的秩序，不要笼罩在"神话"中

敢想、敢说、敢改革。

——北大管理理念

"权威"一词，词典上解释为：使人信服的力量和威望，在某种范围里最有威望、地位的人或事物。世界上有人群的地方就会有权威。

对权威的尊崇、膜拜，常常会演变为迷信和神化，同时，我们大脑中的"自我思考、冲破权威、勇于创新"将日渐匮乏。

哥白尼的"日心说"发表之前，"地心说"在中世纪的欧洲一直居于统治地位。在古代欧洲，亚里士多德和托勒密主张"地心说"，认为地球是静止不动的，其他的星体都围着地球这一宇宙中心旋转。约在1515年前，哥白尼为阐述自己关于天体运动学说的基本思想撰写了篇题为《浅说》的论文，在文中，哥白尼批判了托勒密的理论。科学地阐明了天体运行的现象，

推翻了长期以来居于统治地位的地心说，从而实现了天文学中的根本变革。他正确地论述了地球绕其轴心运转、月亮绕地球运转、地球和其他所有行星都绕太阳运转的事实。作为近代自然科学的奠基人，哥白尼的历史功绩是伟大的。确认地球不是宇宙的中心，而是行星之一，从而掀起了一场天文学上根本性的革命，是人类探求客观真理道路上的里程碑。哥白尼的伟大成就，不仅铺平了通向近代天文学的道路，而且开创了整个自然界科学向前迈进的新时代。从哥白尼时代起，脱离教会束缚的自然科学和哲学开始获得飞跃的发展。

哥白尼不迷信于权威的地心说，而是根据自己的观察和思考，最终推翻了统治欧洲数千年的地心说。而哥白尼本人也成为天文学史上划时代的人物。

如果迷信权威，机械奉行权威的教条，那么我们便永远不会进步。只有思维活跃、富有胆识，不迷信权威，不崇拜偶像，不为过时的老观念、老边框所束缚，敢想、敢说、敢改革，不断探索新世界的奥秘，我们才可能走出新路子。

作为"杂交水稻之父"的袁隆平曾深有感触地说："在研究杂交水稻的实践中，我深刻地体会到，一名科研工作者应该做到尊重权威但不迷信权威，多读书但不能迷信书本，在研究中不能害怕标新立异，也不能总是害怕被人冷嘲热讽。如果总是处在迷信和害怕中，那么永远也无法创新，也只能永远跟在别人后面。想要在科技方面创新，科研者既需要拥有仁者的胸怀、智者的头脑，又需要有勇者的胆识和志者的坚韧。我们就是要做到敢想、敢做、敢坚持，相信自己能够自主创新，这样才能取得最后的成功。"

麦克·英泰尔是一个平凡的上班族，但是他从小就是一个懦弱的人。打小时候他就怕保姆、邮差、鸟、猫、蛇、蝙蝠、黑暗、大海、城市、荒野，怕热闹又怕孤独、怕失败又怕成功、怕精神崩溃……他无所不怕。

37 岁那年他做了一个疯狂的决定，只带了干净的内衣裤，由阳光明媚的加州，靠搭便车与陌生人的仁慈，横越美国。

他的目的地是美国东海岸北卡罗来纳州的恐怖角。

4000 多英里路的路途中，他没有接受过任何金钱的馈赠，在雷雨交加中睡在潮湿的睡袋里；也有几个像公路分尸案杀手或抢匪的家伙使他心惊胆战；在游民之家靠打工换取住宿；住过几个陌生的家庭；碰到过患有精神疾病的好心人。

最后，恐怖角到了，但恐怖角并不恐怖。原来"恐怖角"这个名称，是由一位 16 世纪的探险家取的，本来叫"Cape Faire"，被讹写为-"Cape Fear"。只是一个失误。

当你对严峻的现实感到束手无策时，如果屈服于内心的"纸老虎"，只会让你更加的恐惧。事实上，任何问题都不像我们想象的那么可怕。只要能克服内心的恐惧，和麦克·英泰尔一样，勇敢而执着地坚持，就会发现困难并没有想象中的那么可怕。

只要你有一颗勇敢的心，那么无论在你身上发生什么事，都无法影响到你。当你意识到自己从伟大的造物主那里获得源源不断的能量时，能真正影响到你的事情根本没几件。因为，无论什么事情降临在你身上，你都可以保持自己内心的平静，勇敢面对。

管理者在日常的工作生活中，一定不能缺乏的就是挑战强者、挑战权威、挑战固有"神话"的勇气和意识，因为只有这样，我们才能在挑战中不断超越自己、完善自己。

一个勇于打破旧有秩序的管理者，他必定能激发自己的潜力，能很好地把一家企业带到新的高度。当管理者赋予企业挑战的气质，就是在一定程度上赋予企业竞争力。帮助企业学会在竞争中抓住机会，不断去打破那些固有的"神话"，在挑战中不断壮大自己，直至成功。

不要害怕犯错，适当鼓励冒险精神

> 我觉得百度的基因里本身带有很大的冒险性质，只不过过去的几次险看起来都冒得比较成功。
>
> ——李彦宏

很多人在任务面前不敢冒险，害怕犯错误。因循公司的既有方法工作固然不会出错，但相对于那些谨小慎微的"称职"人员，企业的发展需要那些具有冒险精神的人，并且适当的冒险能激发员工个人的潜能。

回国创业前，李彦宏是美国硅谷的工程师，信息搜索领域的专家，拥有华尔街道琼斯子公司 70 余万股期权、硅谷的豪华别墅和名车。后来，李彦宏决定回国创业。在首次融资的时候，风险投资要求以李彦宏的房产和股票期权作抵押，李彦宏没有一丝迟疑，果断应允。李彦宏的一次次冒险造就了今天的百度。

今天我们生活在一个具有无限可能的时代：地理与意识形态的壁垒逐渐消失，市场越来越开放，商品、创意和资金在世界范围内自由流动，使各地的企业都变得越来越有效率。新技术正在创造出重要的商务和沟通新渠道。于是，这便也成了一个需要野心的时代、一个危险的时代。在这样的时代里，有足够的冒险精神才能取得无限的可能，如果你没有什么冒险精神，只求三餐果腹、一隅安身，那你就可能连三餐富足和一隅温暖的权利都会被夺走。

不要害怕犯错，工作中处处是挑战，处处是难关，我们必须要有一股"闯劲""冲劲"，才能战胜所有的困难，不断前进。

1994 年，美国信孚银行史上最年轻的副总裁、30 岁的贝佐斯在曼哈顿研究尚未成熟的网络使用情形。他惊讶地发现：网络使用率以每年高达 2300％的速度在暴增。于是，他从父母那里借了 30 万美元（差不多是他父母一辈子的积蓄），带着太太从美国东海岸开车到西海岸开始创业。一路上，贝佐斯在手提电脑上拟订事业计划书，并且到处募集资金。他计划在另一个世界里开设一家书店，他把这个世界叫作"网络空间"。这个书店里没有书架，没有库存，也没有让顾客实际光临的店面。1995 年 7 月，他成立了以南美洲宽广无际的亚马孙河为象征的亚马逊公司，做成了别人还以为只是一个"天方夜谭"的事情。

拿破仑曾经说过："不想当将军的士兵不是一个好士兵。"一个人要想改变自己的面貌，实现自己的价值，他就需要更多的冒险精神。

员工为了跟上公司前进的步伐，适应市场和职场的竞争，必须冒险，必须高效。冒险可能会失败，关键是你怎么看待失败。对待失败的方式不同，你获得的结果就会完全不同。

这是发生在奔驰公司的一个故事。一位市场推广部经理，在一次紧张的宣传推广行动中，由于情况紧急，他自作主张发布了一个广告，事后才报告领导。糟糕的是，那个广告并没有发挥出他预期的效果，所以，当他将这件事报告给领导时，他觉得这次肯定会因擅做主张受到处分了。

领导听完他的报告，问道："我的理解是，你认为那是一个绝好机会，所以你马上采取行动，不打算放过它，是吗？"

推广部经理点点头，准备承受接下来的斥责。

然而，总经理却表扬了他，而且还拍着他的肩膀说："放手去做！请求原谅要比请求批准强得多！"

在美国海军陆战队，流传着一条传统：冒险行动有可能获得原谅，找借口畏缩不前只能意味着军事法庭上的严厉审判。将这条规则运用到公司的经营创新上，就是鼓励员工不要害怕冒险，因为不冒险就谈不上激发个人潜能，不冒险就谈不上冲高业绩。

现代经济社会中，市场是客观的，也是残酷无情的。墨守成规是注定要被快速前进的市场所抛弃的，是肯定会失败的。而大胆冒险的行动虽然有可能也遭受失败，却不会被市场淘汰，因为在不断的冒险中，在无数次失败碰壁后，已经逐渐摸到了市场的脉搏，只要不断尝试，总有成功的一天。

惧怕失败，从此缩手缩脚，寻找借口不敢冒险，那将注定只能平庸一生。容忍失败，总结经验，继续冒险，即使你仍会遭遇一系列的失败，但有一点可以肯定，那就是：总有一天你会成功！

2001年5月20日，一只写着"最伟大的推销员"的金靴子被一位名叫乔治·赫伯特的推销员获得。这是自1975年以来，又一学员得到如此殊荣。

布鲁金斯学会创建于1927年，以培养世界上最杰出的推销员著称于世。它有一个传统，在每期学员毕业时，设计一道最能体现推销员能力的实习题，让学员去完成。前几届的实习题一直都没有人能够完成，小布什执政后，"请把一把斧子推销给小布什总统"就成了布鲁金斯学会的最新实习题。

乔治·赫伯特动起了脑筋，他把斧子卖给小布什，并且没有花多少工夫。因为，小布什总统在得克萨斯州有一个农场，那里长着许多树。于是他给小布什写了一封信，说："有一次，我有幸参观了您的农场，发现那里长着许多矢菊树，有些已经死掉，木质也已经变得松软。我想，您一定需要一把小斧头，但是从您现在的体质来看，这种小斧头显然太轻，因此您仍然需要一把不甚锋利的老斧头。现在我这儿正好有一把这样的斧头，它是我祖父留给我的，很适合砍伐枯树。假若您有兴趣，请按这封信所留的信箱，给予回复……"最后，小布什总统就给他汇来了15美元。

如果故步自封，永远也不可能迈开成长的步伐。适当鼓励冒险精神，往往能激发一个人的潜能，进行创造性思维。

很多企业都青睐具有冒险精神的人。比尔·盖茨一旦发现本行业中比较出色、但又因所在公司经营败落而失业的人才，就会在适宜的时候聘他来微软工作。他们宁愿冒失败的危险选用曾经失败过的人，也不愿意录用一个处处谨慎却毫无建树的人。

尝试可能会遭遇失败，但没有失败不等于成功，惧怕冒险的人永远不会失败，同时，他也永远不会成功。从这个角度讲，一个永不犯错的管理者的价值远不如一个勇于冒险、不断尝试的普通员工。

第十章　竞争力管理课：
商战策略是真正决胜千里的因素

你可以拒绝进步，但你的竞争对手不会

当你处在劣势的时候，不要气馁、不要松懈，要坚持到底，等待对手犯错。第一次赛跑的时候，兔子跑在前面，乌龟想，完了，我怎么也追不上它了，我弃权了，不跑了。后来兔子睡觉，醒过来时乌龟跑了第一，果然兔子犯错误了，睡觉了。

——厉以宁

（北大教授，著名经济学家）

这个故事给企业管理者们以启示：你可以"睡觉"，但你的竞争对手不会，你就会输。

市场的竞争是残酷的，一次失误就可能导致一个企业退出行业领域，在市场上销声匿迹。市场的竞争也是公平的，你可以拒绝进步，但你的竞争对手不会。

2000 年，谷歌推出中文搜索引擎后，由于对中文的理解不深，谷歌中国的用户体验一直不能令人满意，这给百度留下了初期快速发展的机会。不过，谷歌中国也一直致力于改善用户的搜索体验。到了 2001 年，谷歌中国在用户中的口碑及市场份额都在快速增长，这使竞争对手之间的你追我赶进入白热化阶段。李彦宏被强烈的危机感和紧迫感重重包围，他意识到，如果再不有效应对，百度很快会被谷歌中国远远抛离。

　　在物竞天择、适者生存的市场规则下，唯有在竞争中不断成长、壮大，才能在市场竞争中勇立潮头。由于竞争对手的存在，我们才能够在一次次的竞争中学会反思，变得成熟，逐渐走向强大。任何一个希望变得更强的企业都应该正视对手，正视竞争。在竞争中不断成长，必须做到比对手更优秀。

　　著名企业管理顾问姜汝祥曾在《请给我结果》一书中为我们讲述了这样一个案例：

　　美国施乐公司曾经辉煌一时，施乐的辉煌源于20世纪最伟大的发明之———静电复印技术，因为这项伟大的发明，施乐公司从1962年起，就跻身于全球500强企业的行列，成为复印机业的领军人物。

　　但是正是这样一家成功的公司，最后却被竞争对手无情地甩在身后，论其原因，可谓"成也萧何，败也萧何"。

　　施乐长期凭借着静电复印技术久居龙头老大之位，时间长了，对市场的变化失去了警觉，新产品千呼万唤也难见踪影。

　　当传统的复印机已经不能与电脑等新型的办公设备相关联工作时，施乐公司还在一门心思地生产传统复印机产品。而此时，日本的佳能公司已经推出了颇受现代办公族欢迎的中小型数码复印机。

　　一边，施乐还躺在前人的功劳簿上，赢利能力衰退，新产品的研发也停滞不前；另一边，佳能则不断努力，推出迎合市场变化的新产品。数字化时代到来的时候，保守的施乐公司终于难以生存下去，几乎面临破产和倒闭。

　　2000年，施乐复印机在美国几乎失去了1/3的市场份额，佳能复印机如愿以偿地坐上了美国复印机市场的头把交椅。到2000年年底，施乐中国公司不得不以5.5亿美元的价格将股权转让给日本富士公司。

　　市场竞争无比激烈，如果在竞争中落后，跟不上市场的需求，产品得不到客户的认可，那么任凭你曾是业界霸主，还是龙头老大，你的结局就是退出市场、退出舞台。

市场离不开竞争对手的参与。有竞争对手并不可怕，反倒更有助于组织的成长。没有谁比竞争对手更了解我们，正如罗素所说："如果需要让人复述我的哲学思想，我宁愿选一个懂哲学的死敌，也不会选择一个不懂哲学的好友。"竞争对手每天都会思考如何战胜我们，而我们如果不想落败，就必须不断进步，战胜对手。

在新世纪初，eBay和淘宝网引领中国电子商务业务的发展。作为全球数一数二的电子商务网站，2003 年，eBay 把目光放到了中国，出资 1.5 亿美元买下了中国最早的 C2C 网站易趣，希望以此称霸中国的网上交易市场。

在这一年，中国本土网站淘宝网也逐渐发展并壮大起来。一个是国际巨头，一个是本土企业，一场水火不容的激烈竞争就此展开。

从 2003 年的 7 月开始，eBay 启动了全面的市场推广计划。作为国际巨头，eBay 依仗着雄厚的资本实力，他们在制定推广战略中导入了竞争元素。eBay 易趣与新浪等门户网站签订了对淘宝的"封杀协议"，这对于刚刚出世的淘宝来说，无疑是当头一棒，时任 eBay 的 CEO 惠特曼曾经乐观地认为：这轮推广将为中国电子商务市场的竞争画上句话，eBay 将成为唯一的胜利者。

但是，eBay 低估了马云和淘宝网的竞争力。eBay 使出的竞争策略让淘宝网尝到了竞争的味道，同时，也使淘宝网的每一个战略制定都异常小心。eBay 的存在对淘宝网来说是一个巨大的压力，但正是这种压力的存在，使马云及他的团队被激发出无穷的动力。马云后来说："eBay 是大海里的鲨鱼，淘宝是长江里的鳄鱼，鳄鱼在大海里与鲨鱼搏斗，结果可想而知。我们需要做得是，把鲨鱼引到长江里来。"在这种思想指导下，淘宝积极制定出针对 eBay 的一系列的竞争策略。

淘宝网的竞争策略很快就取得了辉煌战绩：到 2004 年 10月，在交易额、成交率、日新增商品数、注册用户数和网页浏览量这 5 项指标中，淘宝有 4 项超过了易趣。正如马云所说的那样："跨国公司进入中国，往往会经历四个阶段：第一是看不到；第二是看不起；第三是看不懂；第四是跟不上。"

eBay 并不甘心就此退出中国市场，准备出一亿美元准备在 2005 年重燃战火，但几乎就在同一时刻，淘宝网宣布其网上支付工具"支付宝"实现了与招商银行的无缝对接。而在之前，"支付宝"已经和中国工商银行、中国农业银行以及国际信用卡组织 VISA 签署了多种战略合作协议。

这时 eBay 的市场影响力已经彻底落后于淘宝网。在 2006 年年底只好将易趣转卖给 TOM，正式宣告败走中国。

中国鳄鱼击败大海鲨鱼，这个案例带给企业管理者的启迪是：竞争是商业市场的常态，企业只有在竞争中才能得到生存和发展的空间；市场是残酷的，弱肉强食，如果不想被对手所吞噬，就要千方百计将对手彻底打败；在竞争中超越对手是任何企业走向卓越的必经阶段，不能超越对手，你永远不能成为领先者，只有超越了所有对手，你才能成就伟大，铸就辉煌。

在市场经济环境里竞争无时不有，无处不在，永恒的竞争推动着市场经济的繁荣。竞争是真理，竞争是自然法则，我们要遵循它，要掌握它、更要运用它，在竞争中不断追求进步，最终战胜对手。

核心优势——牢记自己的核心竞争力

对一个企业来说，谁是核心优势？这似乎是一个老生常谈的话题。尤其在教育这个行业，由于一些约定俗成的传统做法，导致师资之于一个品牌的重要性往往被不经意地忽略掉。在新东方，师资是至关重要的核心优势。

——俞敏洪

对于自己的核心优势，俞敏洪有自己的认知："在教育行业中，你的优势就是你在某一个方面能做得更好。这个方面肯定既不是教学设备，也不是楼有多好，而是老师。"

营销大师科特勒说过，每一种品牌应该在其选择的利益方面成为"第一名"。在利润越来越透明的市场环境中，企业要想成为"第一名"，则必须拥有引以为傲的技术和优势，不断的技术创新支持的差异优势，是企业保持长久市场竞争优势的重要途径。因此，企业应把发展核心的竞争力，放在最重要的位置。

2013年1月，百度CEO李彦宏在百度年会上对员工表示，无线搜索已经迅速崛起，成为无线互联网第二大应用，百度的市场份额也正在继续扩大。他表示，未来就在我们自己手里，百度必将迎来移动时代的二次腾飞。

李彦宏的底气在于百度的技术。多年来百度坚持构建扎实的技术体系，这些面向未来的技术和产品的布局，正在日益显现出成果：比如在语音领域，项目仅仅正式启动3个多月，就上线了业界领先的语音搜索；尽管相比谷歌等公司，百度语音产品起步算是晚的，但一出手表现就让业界瞩目。

互联网发展到今天，它的灵魂依然没有改变——技术创新永远是这个行业的核心驱动力。

企业要想在日趋激烈的市场竞争中占有一席之地，必须从市场环境的变化出发，不断进行技术、管理、制度、市场、战略等诸多方面的创新，其中又以技术创新为核心。尤其在以互联网等技术性行业，只有以技术作为核心竞争力，企业才能不断向市场推出新产品，改进生产技术，降低成本，进而提升顾客价值，提高企业的综合竞争力。

2007年，乔布斯介绍第一代iPhone时，他充满自豪地说，今天我们要推出三款革命性产品，第一个，带有触控的宽屏的iPod，第二个是一台具有革命性的电话，第三个是一个具有突破性技术的上网设备。其实，这三个都是一个设备，也许这是单独看上去三个常见的技术可以实现的功能，但之前从来没有人想过要合而为一。iPhone 的出现，的确可以说是革命性的产品。对比当时已有的智能手机，包括诺基亚、摩托罗拉和黑莓等产品，他们拥有的是小屏幕、塑料键盘，一般来说是全键盘的手机，将电话、邮件和上网整合到一个设备中，iPhone 完全抛弃了这些传统智能手机的特征。从此之后，全触屏手机风靡全球。

在苹果人看来，最好的操作是我们的手指，因此，不需要手写笔、必须要键盘，只要你有手，通过多触点控制技术，就能操控你的电话。回顾 iPhone 系列手机的发展，技术的一点点进步，都让人们兴奋不已。因为，这些技术的进步为人们带来了切实的方便，当然也为苹果公司带来了全新的辉煌，苹果公司一度成为全球市值最高的公司。

近几年，诺基亚在全球的发展步伐明显放慢，市场占有率逐渐降低。这跟它的研发跟不上市场的脚步有很大的关系。诺基亚固守自己的产品技术，在手机普及的今天，消费者越来越重视手机的功能和应用感受，诺基亚的新产品在技术上的革新没有什么大变化，让人感觉都是外壳在变，而用户体验一直得不到提升。

反观苹果，图像处理技术的提升、数据管理与提取和记忆的运行方式也在大幅提升，软件的提升也是一代比一代强。

苹果正是在技术上不断创新，不断保持其技术上的优势，大大提高了其市场占有率和市场竞争力。

企业管理者应该知道，通过技术保持自己的核心竞争力，这比防守一个已有的市场地位要稳妥得多。只有技术领先，才可能实现持续领先。

都是"搞技术"出身，但能以技术为基础，将企业做大做强的，却是屈指可数。这就是说，搞技术的人有时候会忽略一件事，就是自己认为的好技术和消费者认为的好技术是有差别的，所以要研发的是能让消费者满意的技术。

卓越的技术技能和产品的创新，有利于提高企业的影响力，有利于增加市场竞争力，扩大市场覆盖面，创造稳定的市场环境和客户关系。

企业应把发展的核心竞争力，即技术领先，放在重要的位置。尤其对那些以技术安身立命的企业而言，千万不能放松自己在技术上面的竞争力。

与狼共舞，实现双赢的竞合之道

> 新龟兔赛跑，代表了一种双赢精神。
>
> ——北大管理理念

北京大学光华管理学院名誉院长厉以宁曾经讲过新龟兔赛跑的故事：

龟兔赛跑，第一次比赛兔子输了，要求赛第二次。第二次龟兔赛跑，兔子吸取经验，不再睡觉，一口气跑到终点。兔子赢了，乌龟又不服气，要求赛第三次，并说前两次都是你指定路线，这次得由我指定路线跑。结果兔子又跑到前面，快到终点了，一条河把路挡住，兔子过不去，乌龟慢慢爬到了终点，第三次乌龟赢。于是它们两个就商量赛第四次。乌龟说，咱们老竞争干吗？咱们合作吧。于是，陆地上兔子驮着乌龟跑，过河时乌龟驮着兔子游，它们两个同时抵达终点。

这个故事告诉我们双赢才是最佳的合作效果，合作是利益最大化的武器。许多时候，对手不仅仅只是对手，正如矛盾双方可以转化一样，对手也可以变为助手和盟友，俞敏洪也深谙其道。如同国际关系一样，商场中也不存在永远的对手。

创立新东方后，别的培训机构看着就眼红了。当时有家机构是一位下岗女工办的，她心理很不平衡，就撕新东方的广告，拿刀子捅我们的员工。后来这件事得到了解决。

一年后，她们培训班的老师以工资太低为由都罢教了，400个学生面临无学可上。如果真的答应老师们的要求，这个女人得变卖房子、把所有的利润全给老师，她当然不能答应。最后，她找到俞敏洪说："我现在也不想开这个学校了，我现在有400个学生，老师都不上课了，我没有钱再请别的老师，我也没有钱退学费给这些学生。我就把这些学生交给你，你接过去以后把相关的课上完，我从此就关门，我也少了烦恼。"俞敏洪说："这个学校你还是要办下去，因为毕竟它是你的经济来源之一。"她说："怎么办下去呢？"

俞敏洪说："好办。第一步，如果你那儿没有老师，我可以把新东方的老师调过去，你按新东方老师以前的工资付给他们，我可以帮你把你的400名学生教完。第二步，你去找你的老师们谈，你一定要告诉他们：'你们如果不过来上课，新东方的老师就会过来上课。'第三步，你必须给你的老师加工资，跟新东方的老师一样多，这样你的老师才会积极配合。"

后来，这个学校又接着办了几年，后来因为生源不足就不办了。但是，从此她不但不派人到新东方发广告，还反对别人到新东方发广告。

我们习惯于非此即彼的思维方式，对"自己人"要尽量偏袒照顾，对竞争对手则赶尽杀绝。其实在商业社会中，竞争与合作是可以转化的。那种靠消灭竞争对手取得胜利的做法已经过时，现代企业家要学会"与狼共舞"，跟对手深度合作，实现"双赢"乃至"多赢"。

我们生存在一个充满竞争的时代，企业所面临的生存问题越来越艰巨。正因为如此，我们才需要与他人合作，借力而行。这样才能够有效地运用合作法则使企业生存得更为长久。

比尔·盖茨在年轻的时候，非常喜欢数学和计算机。于是，他自己便努力地开发软件，但是因为个人的力量是有限的，没有研究成功。后来，他最好的朋友保罗·艾伦主动来帮助他。他俩便在不断地努力之下使研究取得了重大的突破。因为缺乏资金，后来，两人便找人合作来投资他们的产品。产品上市后便使他成为美国最有名的人物，进一步在竞争合作中巩固了其公司在软件开发领域中的地位。

一个人的能力是十分有限的，唯有合作才能最省时、最省力、最高效地完成一项复杂的工作。假如没有其他人的协助与合作，任何人都无法取得持久性的成功。

合作与竞争看似水火不相容，实则是相依相伴的。在知识经济时代，竞争与合作已经成为不可逆转的大趋势。

商场如战场，市场竞争自然不可避免。如何才能在竞争中实现"双赢"，在这方面，李嘉诚为我们树立了榜样，他说："没有绝对的竞争，也没有绝对的合作，因为二者是可以转化的。"

九龙仓是中国香港地区最大的货运港，包括九龙尖沙咀、新界及港岛上的大部分码头、仓库，以及酒店、大厦、有轨电车和天星小轮。但是，九龙仓的经营者却陷入财政危机，为解危机，大量出售债券套取现金，又使得集团债台高筑，信誉下降，股票贬值。

李嘉诚非常看好九龙仓，他不动声色一直在收购九龙仓股票，买下约2000万股散户持有的九仓股，意欲进入九龙仓董事局。但是，怡和洋行也介入了收购行列。与此同时，船王包玉刚也加入收购行列。包玉刚的加入，一时间使得强手角逐，硝烟四起，逼得九龙仓向汇丰银行求救。李嘉诚考虑到日后长期的发展还期望获得汇丰的支持，趁机卖了一个人情给汇丰银行大班，答应不再收购。

1978年8月底的一天下午，中国香港地区上演了一幕传奇故事。李嘉诚密会包玉刚，提出把手中的1000万股九龙仓股票转让给他。包玉刚略一思索，立即同意了。

从包玉刚这方面来说，他一下子从李嘉诚手中接手了九龙仓的1000万股股票，再加上他原来所拥有的部分股票，他已经可以与怡和洋行进行公开竞购。如果收购成功，他就可以稳稳地控制资产雄厚的九龙仓。李嘉诚将自己的九龙仓股票直接脱手给包玉刚，一下子可以获利数千万元。

于是两个同样精明的人一拍即合，秘密地签订了一个对于双方来说都划算的协议：李嘉诚把手中的1000万股九龙仓股票以三亿多的价钱，转让给包玉刚；包玉刚协助李嘉诚从汇丰银行承接和记黄埔的9000万股股票。

李嘉诚表示自己退出"龙虎斗"，却通过包玉刚取得与汇丰银行合作的机会。在此番商战中，李嘉诚是最大的赢家。

曾有记者问李嘉诚成功的奥秘，李嘉诚表示：奥秘实在谈不上，他认为重要的是首先得顾及对方的利益，不可为自己斤斤计较。对方无利，自己也就无利。要舍得让利使对方得利，这样，最终会为自己带来较大的利益。李嘉诚从来不进行恶意竞争，不管这其中的利益有多大，他也从来不搞无原则的合作。在他这里，竞争往往成为合作的契机。

现代企业管理者要信奉"商者无域，相容共生"的商业哲学。很多事实证明，没有绝对的竞争，也没有绝对的合作，因为二者是可以转化的。与狼共舞，实现双赢，不仅实现了既得利益，还能够招来更多的合作伙伴，使你的财源滚滚。

在激烈的市场竞争中，选择是否与对手合作，主要动因包括如下两个方面：

1. 开拓市场

企业的首要目标就是开拓市场，占领市场。例如，美国摩托罗拉公司与日本东芝电器公司建立战略联盟，就是为了使自己的产品能更大规模地进入日本市场，美国通用汽车公司和日本丰田汽车公司合资在美国生产汽车，也是如此。

2. 有利竞争

弱弱联合，可以击败更强的公司。很多二流公司，由于想保持它们的独立性，减少同一流公司之间的竞争差距，所采取的策略是建立合作而不是合并——它们依靠同别的公司进行合作有效地参与市场竞争。

但是，实现双赢的合作必须有三大前提：一是双方必须有可以合作的利益，二是必须有可以合作的意愿，三是双方必须有共享共荣的打算。

人无我有，人有我优，人优我新

我们要投入全部的精力以提升我们的核心技术，创造出具有更好用户体验的产品！我们要比别人更快地行动。

——李彦宏

要想在竞争中赢得优势，就要勇于开拓、不断创新，为自身发展闯出更广阔的新天地。提倡"人无我有，人有我优，人优我新"，实际上就是一种要求企业管理者运用独特的企业经营思维方式，无须陷入惨烈的红海竞争中。

一个人能在思维上创新，能想他人之不敢想，为他人之不敢为，就能发现他人视而不见的商机，创造出他人所没有的东西，可谓"观念一新，万两黄金"。这就是一种独特的竞争力。

成功的人总是相信凡事都有办法解决，而且他们相信，解决事情都有更好的方法，所以，他们总是在不断寻找出路的旅途中。正所谓：世上无难事，只怕有心人。正因为如此，成功的人面对压力和挑战，总是能够保持自己的雄心和壮志，总是能找到更好的解决方法。

王老板开着一家糕点店，这个行业，竞争本来就十分激烈，加上王老板当初在选择店址上有些小小的失误，开在了一个相对偏僻的胡同里，因此，自从蛋糕房开张后，生意一直冷冷清清，不到半年，就支撑不下去了。面对收支严重失衡的状况，王老板无奈地想结束生意。

这时，店里来了一位女客人，想给男朋友买一个生日蛋糕。当这个员工问她想在蛋糕上写些什么字的时候，女客人嗫嚅了半天才不好意思地说："我想写上'亲爱的，我爱你'。"

王老板一下子明白了女客人的心思，原来她想写一些很亲热的话，又不好意思让旁人知道。有这种想法的客人肯定不止一人，现在，各个蛋糕店的祝福词都是千篇一律的"生日快乐""幸福平安"之类，为何不尝试用点特别的祝福语？

于是，王老板送走女客人后，就开始在思索：

我们店里糕点师用来在蛋糕上写字的专用工具，可不可以多进一些呢？只要顾客来买蛋糕，就赠送一支，这样客人就可以自己在蛋糕上写一些祝福语，即使是隐私的也不怕被人看到了。

王老板就这样去做了，并做了一些简单的宣传。没想到，在接下来的一个星期中，顾客比平时多了两倍，每个客人都是冲着那支可以在蛋糕上写字的笔来的。

王老板后来回忆说："从那以后，我的生意简直可以用奇迹来形容。我本来都做好关张的心理准备了，没想到这样一个方法帮了我大忙。"

案例中的王老板，从没有办法准备关张大吉，到让他的糕点店重新焕发了生机，这一切都离不开他努力寻找新方法的举动。

由此，我们不难看出，思路决定出路，只有好的思路，对的思路，才能将出路铺向成功之路、理想之路。

所以，在激烈的市场竞争中，管理者要学会转换一下思路，往往能取得出奇制胜的效果，从而从根本上提升企业的竞争力。

做餐饮生意，干净卫生一定是首要的，但是在美国的达拉斯，有一家奇特的牛排店——肮脏牛排店。

"肮脏牛排店"也的确不符合现代餐营业的要求，这里不用电灯。用的全是煤油灯，看上去黑蒙蒙的一片。抬起头看店里的天花板，上面好像是极厚的灰尘，但是实际上都是人造的，并不是真的灰尘。四周的墙壁还挂着几件破旧的装饰品，比如最原始的锄头、牛绳子、木犁，以及印第安人的毡帽和木雕等。里面的餐桌都是木头制成的，做工看起来粗糙极了，椅子坐上去甚至还会"吱吱"地响，厨师和侍者穿的衣服，看上去也像从未洗过似的。

饭店墙上沾满的全部是肮脏的纸片与布条，饭店尽管伪装得很是肮脏，但是其供应的牛排食品却是十分美味和卫生的，让人百吃不厌。正因为如此，其饭店终年门庭若市，生意也应接不暇，收入自然十分可观，其店名也因此不胫而走，名扬四方。

的确，绝大多数餐馆都是以动听美好的店名与富丽雅观的装修来招引顾客的，这是人们的习惯思维。但是"肮脏牛排店"却反其道而行之，采用不雅的店名与貌似不卫生的风格来进行经营。事实证明，这种经营方式确实迎合了部分消费者的复古心理，最终在和同类餐馆的竞争中拔得头筹。

市场竞争日益激烈，要想使企业尽快占领优势，管理者就要敢于打破思维定式，突破主流，反其道而行之，反过来用另一种角度、另一种消费动机、另一种偏好来考虑问题，分析市场，制造与众不同的竞争优势，寻找新的制高点。

当然采用新招并非是不顾条件、刻意造作，而是要建立在能够满足人们的某种需求的基础之上，给人出乎意料的惊喜，能激发人们的好奇心或兴趣。"人无我有，人有我优，人优我新"，别让自己死死陷入红海竞争中吧。

抓住特定的客户群，走市场细分之路

企业需要做的就是瞄准用户需求，挖掘新的市场机会。

——北大管理理念

市场并非同质，消费者的需求也趋于个性化。无论企业的实力多么雄厚，它都无法为所有的顾客提供服务。在这个基础上，市场细分的概念应运而生。

市场细分是 1956 年由美国市场营销学家温德尔·斯密首先提出来的，温德尔·斯密的细分市场概念一提出，就受到企业管理界和学术界的重视，并得到越来越广泛的运用。

市场细分就是从顾客的购买欲望和需求的差异性出发，按照一定的标准将一个整体市场划分为若干个需要不同的产品和不同的市场营销组合的市场部分（分市场），从而确定企业目标市场的活动过程。

没有一个市场是天衣无缝的，随着新需求不断在增加，市场是不断变化的，总会存在"空隙"。市场上永远存在"尚未开垦的处女地"。很多企业管理者都明白这样一个道理：市场并不缺少机会，而是缺少发现。

奇瑞汽车公司精心选择微型轿车打入市场。它的新产品不同于一般的微型客车，是微型客车的尺寸，轿车的配置。2003年5月推出 QQ 微型轿车，6月就获得良好的市场反应，2003年9月8日至14日，在北京亚运村汽车交易市场的单一品牌每周销售量排行榜上，奇瑞 QQ 以 227 辆的绝对优势荣登榜首。到 2003 年 12 月，已经售出 28000 多辆。

奇瑞 QQ 被称为年轻人的第一辆车。奇瑞 QQ 的成功就在于它的市场细分。它的目标客户是有知识品位但收入并不高的年轻人。为此，奇瑞 QQ 有着极其讨人喜爱的外形。虽然小车价格便宜，但是在滚滚车流中它是那么显眼，你看它那绚烂的颜色、婀娜的身段、顽皮的大眼睛，好似街道就是她一个人表演的 T 型台。就这样，奇瑞公司成为行业内公认的车坛黑马。奇瑞轿车还曾连创五个国内第一，六次走出国门，以自己的不懈努力创造了中国汽车史上的奇迹。

市场细分是指营销者通过市场调研，依据消费者的需要和欲望、购买行为和购买习惯等方面的差异，把某一产品的市场整体购买划分为若干消费者群的市场分类过程。

每一个消费者群就是一个细分市场，每一个细分市场都是具有类似需求倾向的消费者构成的群体。

在 20 世纪 60 年代末，米勒啤酒公司在美国啤酒行业排名仅仅处在第八位，市场份额仅为 8%，与百威、蓝带等知名品牌相比，差距十分明显。为了改变这种现状，米勒公司的领导决定进行严谨的市场调查，进行市场细分，从而找出战胜对手的机会。通过调查发现，若按使用率对啤酒市场进行细分，啤酒饮用者可细分为轻度饮用者和重度饮用者，而前者人数虽多，但饮用量却只有后者的 1/8。

随着进一步调查，他们还发现，重度饮用者有着以下特征：多是蓝领阶层；每天看电视 3 小时以上；爱好体育运动。米勒公司决定把目标市场定在重度使用者身上，并果断决定对米勒的"海雷夫"牌啤酒进行重新定位和包装，改变宣传策略，加大宣传力度。

他们在电视台特约了一个"米勒天地"的栏目，广告主题变成了"你有多少时间，我们就有多少啤酒"。广告画面中出现的净是些激动人心的场面：船员们神情专注地在迷雾中驾驶轮船，年轻人骑着摩托冲下陡坡，钻井工人奋力止住井喷等。结果，"海雷夫"的重新定位战略取得了很大的成功。到了 1978 年，这个牌子的啤酒年销售量达 2000 万箱，仅次于 AB 公司的百威啤酒，在美国名列第二。

　　从这个例子我们可以看出，企业如果能够先于竞争对手之前捕捉到有价值的细分新方法，通常就可以抢先获得持久的竞争优势，就可以比竞争对手更好地适应买方真实的需求。

　　寻找潜在的细分市场，可以从以下几个问题着手：是否存在顾客需求但是目前市场上仍然没有的产品；改进的产品能否完成附加的功能；是否存在将服务和产品整合出售。

　　市场细分越来越多地被企业管理者所关注，海尔十分重视"市场细分化"，并在市场竞争中获得了领先地位。

　　细心的消费者可以发现，在上海市场销售的冰箱瘦窄、秀气，这是海尔研发部门根据市场调研信息专门改进设计的。原来上海家庭住房普遍比北京窄小，消费者不喜欢冰箱的占地面积过大，另外，上海人更欣赏外观比较小巧的冰箱。于是，海尔就为上海市场设计了一种瘦窄型的冰箱，叫作"小王子"，推出后在上海非常畅销。

　　此外，海尔专门测试了农村的冰箱用电环境，电压最低时只有160伏。冰箱最怕的不是高压，而是低压，低压时间长了，压缩机就会烧坏。所以，海尔在开发农村冰箱时，瞄准农民的需求进行精准定位。首先大幅度削减现有冰箱的功能，降低价格。其次，把压缩机重新改造，使之适应低压启动。

　　在国际市场上，海尔同样要求根据不同国家的文化和生活习惯，设计、生产出不同的产品。

　　海尔作为中国家电第一企业，并在国际市场上占据一席之地，正是源于它精准的市场细分把握。

　　世界营销大师科特勒指出，市场的细分一般包括以下5个方面：

　　（1）地理细分。按所处的地理位置来细分市场，然后选择一个或几个市场部分作为目标市场。地理细分主要包括地区、城镇、气候条件和人员密度以及生活习惯、地域文化等方面。

（2）人口细分。人口细分主要从年龄、性别和收入三方面进行。

（3）心理细分。根据购买者所处的社会阶层、生活方式、个性特点等心理因素细分市场。

（4）行为细分。这一标准比其他标准要复杂得多，而且也难掌握。行为细分主要分为购买习惯、寻找利益、产品使用者、使用量、忠诚程度五个方面。

（5）偏好细分。偏好细分就是根据市场反应，寻找营销与产品的结合点进行产品的创新和完善。

淡季不淡：如何将淡季转为旺季

在优秀管理者的眼里，永远没有"淡季"的概念。

——北大管理理念

"没有淡季的市场，只有淡季的思想"展现了一种不怕竞争的气势。以"淡季"为借口，旺季也不会有太大的作为。如何让淡季变为旺季，从而获得出色的业绩，这绝不是口头上说说就能做到的。要吃樱桃先栽树，要想收获先付出。

一个企业的产品无论在任何时候，它在市场的销量还是有的。我们要找的不是借口，而是开拓新的市场。

夏季是被公认为洗衣机销售的淡季，销售人员都没有做"无用功"在家里等待。这个时间表面上看起来是淡季，但如果不把它看作淡季，同样也能创造市场。由此，海尔提出了开发适应淡季销售的产品要求。现在市场上出现的"小小神童"洗衣机就是在这种情况下产生的。

1990年，当海尔调查洗衣机市场时发现，夏天洗衣机卖得特别少。为什么夏天人们洗衣服洗得特别勤，洗衣机反而卖不动呢？经过市场调查才发现，当时市场上只有4公斤、5公斤的大洗衣机，消费者夏天的衬衣、袜子换下来天天洗，用大洗衣机洗又费水、又费电，干脆用手洗就行了。

并不是夏天人们不需要洗衣机，而是没有适合洗衬衣和袜子的小洗衣机。根据消费者这个需求，海尔研制开发了一种"小小神童"洗衣机，洗衣容量为 1.5 公斤，3 个水位，最低水位洗两双袜子。这种洗衣机夏天投入市场后很快就供不应求了。

正因为如此，它不仅成为国内外市场的"明星产品"，也成为企业不断创新开拓市场的"典范之作"。"电风扇一转，洗衣机完蛋；电风扇一停，洗衣机准行"，是洗衣机业内对洗衣机市场淡季和旺季阶段性特点进行概括的一句"顺口溜"，"小小神童"洗衣机使这句顺口溜变得过时。

海尔员工利用创新把夏天洗衣机销售的淡季做到了淡季不淡，他们把夏天人们洗袜子、洗衬衣的问题解决了。所以，海尔现在的科研人员和销售人员都牢牢地树立了这样一种观念：只有淡季的思想，没有淡季的市场。

海尔的员工只是转换了一下思路，在别人向"大"的方向发展时，海尔选择向"小"的方向开发，把销售的淡季做到了淡季不淡。这也说明了：只要有开拓创新的精神，只要有赢得市场的必胜信念，再加上一些巧妙灵活的创意，就能在市场竞争中占得先机。

在优秀的管理者眼中，不存在"不能做"的市场，即使市场的开拓比较难，他们也一定能在困难中找到突破的基点，运用灵活的思维和方法去打开市场，并赢得市场。

很多企业产品的销售在淡季一落千丈不是因为企业产品销售不出去了，而是因为企业淡季的思想在作祟。一到所谓的淡季，企业就认为目标顾客暂时不再需要企业的产品，企业无论怎么努力产品也无法销售出去，所以促销活动不做了，市场开发力度也减少了，客户拜访也不去了，经营战略僵化了，这样做的结果直接导致销售业绩愈来愈低。但是总有人在"不景气"的市场中开拓出"景气"的未来。

美国的约翰逊黑人化妆品公司总经理约翰逊是一位知名度很高的企业家。可是，当初他创业时，也曾为产品的销售伤透了脑筋。

那时，约翰逊经营着一个很小的黑人化妆品公司，因为黑人化妆品市场的总体销售份额并不大，而且，当时美国有一家最大的黑人化妆品制造商佛雷公司，几乎垄断了这个市场。

经过很长时间的考虑，约翰逊提出了一句措辞非常巧妙的广告语："当你用过佛雷公司的化妆品后，再擦一次约翰逊的粉质膏，将会得到意想不到的效果。"

约翰逊的这一招的确高明，不仅没有引起佛雷公司的戒备，而且使消费者很自然地接受了他的产品，达到了事半功倍的效果。因为他当时主推的只有一种产品，凡是用佛雷公司化妆品的黑人，大都不会在乎再增加一种对自己确实有好处的化妆品的。

随着粉质化妆膏销量的大幅度上升，约翰逊抓住了这一有利时机迅速扩大市场占有率。为了强化约翰逊化妆品在黑人化妆品市场上的地位，他同时还加速了产品开发，连续推出了能够改善黑人头发干燥、缺乏亮度的"黑发润丝精""卷发喷雾剂"等一系列产品。经过几年的努力，约翰逊系列化妆品占领了绝大部分美国黑人化妆品市场。

做市场，是要讲求手段与策略的。如果一味跟随别人的步伐，而没有丝毫的创新，市场只能越做越小，越做越死。

有时候，一点小小的创意，一个小小的变化，便可以改变产品的市场格局，从而赢得良好的竞争优势。

创立自己的品牌，提升自己的行业影响力

新东方创立自己的品牌不是一朝一夕的事，而是经过长期实践和磨砺才拥有的影响力。

——俞敏洪

有人问松下幸之助："你觉得松下要多少年才能够真正成为世界品牌？"松下回答："一百年。"事实证明，松下没有花那么长时间。此人又问："打造一个品牌最重要的是什么？"松下说了两个字："耐心。"

企业的整体竞争力主要是由其核心竞争力体现的，而要增强企业的核心竞争力则主要在于创立属于自己的企业品牌。

树立强烈的品牌意识是创造世界品牌的保证，海尔之所以在不到 20 年的时间内就成为世界最具影响力的品牌之一，首先在于全体员工牢固地树立了强烈的品牌意识。

海尔集团自 1984 年创建以来，实现了持续稳定的发展，现在已成为在海内外享有美誉的大型国际化企业集团。取得如此宏大的业绩，主要由于海尔企业家群体与全体员工能围绕创建知名品牌，提升其核心竞争力，着力建立市场化的经营机制，从而从根本上推动海尔集团全面进入市场，成为自主创新、充满生机和活力的市场竞争主体，保证了企业的持续发展。

企业要在竞争中站稳脚跟，必须要建立自己的品牌，除了做好产品和服务外，一定要沉下心，对品牌有长远的规划。在战略规划的指引下，将自己的品牌树立起来，让消费者产生信任感，从而带动企业的进一步发展。

树立品牌是一项长期而艰巨的工作，建立卓越的品牌并非一朝一夕之功，需要恰当的定位、长远的规划和耐心的坚持，需要专注和执着，更需要贴心的设计和优质的服务。中国百年老店同仁堂的历史诠释了真正的品牌是如何炼成的。

提起中药，许多人都不约而同会想到三个字——同仁堂。同仁堂是乐显扬创建于清朝康熙年间的一家药店，历经数代，载誉300余年。

同仁堂历经沧桑，"金字招牌"长盛不衰，在于同仁堂人注重自己的品牌，并化为员工的言行，形成了具有中药行业特色的企业文化系统。质量与服务是同仁堂金字招牌的两大支柱，坚持质量第一、一切为了患者是同仁堂长盛不衰的最根本原因。

历代同仁堂人恪守诚实敬业的药德，提出"修合无人见，存心有天知"的信条，制药过程严格依照配方，选用地道药材，从不偷工减料，以次充好。同仁堂不管炮制什么药，都是该炒的必炒，该蒸的必蒸，该炙的必炙，该晒的必晒，该霜冻的必霜冻，绝不偷工减料。像虎骨酒和"再造丸"炮制后，都不是马上就卖，而是先存放，使药的燥气减少，以提高疗效。

代顾客煎药是药店的老规矩，冬去春来，尽管煎药岗位上的操作工换了一茬又一茬，但从未间断，也从未发生任何事故。如在1985年，当时每煎一服药就要赔5分钱，但药店为方便群众，把这一服务于民的做法坚持了下来。药店每年平均要代顾客煎药近2万服，此举深受患者和顾客欢迎。

百年老店就是在这样对质量和服务的执着追求中一步一步走过来的。

曾经的温州人只注重赚钱，不注重品牌。这种场景的确令人尴尬，经过冷静反思后的温州商人总结出，在保质保量的基础上，只有走品牌之路，企业才能长盛不衰。奥康集团的老总王振滔有着自己的看法。

温州奥康集团创办于1988年，这个如今皮鞋连锁专卖店遍布全国各大城市的企业，却走过了不寻常的品牌之路。

当初，王振滔在各地推销自己公司的皮鞋时，所有大商场都只认"上海货"，因为顾客认可"上海货"。有些精明的温州皮鞋企业与上海"联营"，同样的皮鞋，贴上上海厂家的商标，就畅通无阻。因此，王振滔对"牌子"这一市场的通行证有了新的认识，也产生了创自己"牌子"的念头。

此后，王振滔对品牌产生了浓厚的兴趣。他决定，吸取一些企业在品牌运作上的经验，开始了自己的品牌之路。

他决定走规模化、集约化、现代化企业的发展之路。想法是正确的，实现却是困难的。盖厂房、进设备、引人才，样样都需要钱，钱从哪里来呢？经过努力，他以个人的信誉和企业发展的前景，说服了一些亲属及小企业主，以股份合作的形式，开始了第一次上规模、上档次的生产扩建。1995 年，雄心勃勃的王振滔又联合十多家中小企业，组成了集团公司，成了名副其实的国内皮鞋领军人物之一。

早在 1990 年，王振滔就趁着全国围剿"温州鞋"的风头逆风而动，推出"奥康"品牌，一炮打响的战略。那时，全国围剿"温州鞋"的余波未息，他就注册商标"奥康"，重新杀回武汉等地，并挑战性地标明产地"温州"。

借着企业进步发展的良好势头，王振滔专程赴意大利考察取经，世界著名鞋业王国的先进技术和先进管理手段更坚定了王振滔开拓进取的信心。正是由于这种信心作用力，1999 年年底，一座占地 4 万平方米、建筑面积达 45 万平方米的具有现代化整套制鞋先进设备的厂房投入使用。"奥康鞋业"至此已经在国内国际上形成了一个真正的品牌。

由此可见，一个品牌的建立不仅需要策略，需要长时间的锻造，而且更需要胆识和非凡的勇气。

一个品牌的树立无不是企业通过其过硬的产品质量、完善的售后服务、良好的产品形象、美好的文化价值、优秀的管理结果等因素来实现的。企业经营者必须投入巨大的人力、物力甚至几代人长期辛勤耕耘，才能终有成就。

作为企业的管理者，品牌规划要基于将来的趋势，要着眼于未来，要具有前瞻性，为企业提供清晰、完整的发展方向，保证品牌的培育和使用效益的最大化。